나는 나무에게 인생을 배웠다

나는 나무에게 인생을 배웠다

세상에서 가장 나이 많고 지혜로운 철학자,
나무로부터 배우는 단단한 삶의 태도들

우종영 지음 | 한성수 엮음

Prologue

당신도 나무처럼 단단하게 살아갈 수 있기를

"선생님, 저는 어떤 나무와 닮았나요?"

사람들과 나무 이야기를 나눌 때마다 종종 듣는 질문이다. 아픈 나무들을 치료하는 나무 의사라는 직업을 갖고 살아온 지 어느덧 30년. 사람보다 나무 곁에서 더 많은 시간을 보내면서 깨닫게 된 사실이 하나 있다. 사람마다 자신만의 개성이 있듯, 이 땅에 존재하는 모든 나무가 각자 저만의 성품을 지니고 있다는 것이다. 그래서인지 언젠가부터 나는 사람을 볼 때면 그와 비슷한 성격을 지닌 나무를 짝지어 떠올리는 버릇이 생겼다. 여러 차례 실패하고도 꿈을 포기하지 않는 후배를 마주하면 아무리 잘라 내도 마침내 가지 끝에 꽃을 피우는 아까시나무를, 누굴 만나든 다툼 없이 유연한 친구 녀석을 만나면 가지를 넘실대며 비바람을 이겨 내는 버드나무를, 늘 한결같은 모습으로 믿음을 주는 동료를 마주하면 천 년을 하루처럼 사는 주목나무를 떠올리는 것이다.

그런데 나무에게서 사람의 모습을 발견하는 이가 비단 나뿐은 아닐 것이다. 나무는 언제나 사람 곁에 있었다. 아주 오래전부터 사람들은 한여름 뙤약볕을 피해 나무 그늘 아래서 땀을 식혔고, 마을 어귀 당산목을 찾아가 지치고 아픈 마음을 내려놓곤 했다. 한번 제대로 자리 잡으면 보통 몇 백 년을 사는 나무들. 지금까지 나무들은 얼마나 많은 사람의 사연을 품고 살아왔을까.

하지만 주위에는 나무가 곁에 있어도 곁에 있는 줄 모르는 사람들도 많다. 그들은 나무가 아프든 말든 신경 쓰지 않는다. 인테리어와 건강을 이유로 나무를 정원과 집 안에 들여놓고서는 방치하기도 한다. 덕분에 나무는 치료를 제때 받지 못해 죽어 가기 일쑤다. 사람들의 이기심과 무관심으로 병들어 가는 나무가 늘어날수록 나도 모르게 사람이 싫어졌더랬다. 도대체 나무가 무슨 죄란 말인가. 나무도 어엿한 생명이며, 심지어 인간보다 더 오래 지구를 지켜 온 생명체라는 사실을 왜 자꾸만 잊어버리는가.

그렇게 속이 끓어오를 때면 나는 나무를 찾곤 했다. 그러다 몇 달간 정성을 다해 치료한 고목이 다시 푸르름을 되찾는 모습을 볼라치면 나도 모르게 기분이 좋아졌다. 아픈 사람을 돌보는 것이 의사의 본분이듯, 나무 의사로서 아픈 나무들을 돌보는 것은 지극히 당연한 일이지만 다시 건강을 되찾는 나무들을 보고 있노라면 마음이 뿌듯했다. 사람으로 태어나 큰 업적을 쌓지는 못했을지언정 적어도 꺼져 가는 생명을 되살리는 일을 해 왔으니, 이만하면 꽤 괜찮은 인생이라는 생각에 보람도 느꼈다.

그런데 머리에 흰서리가 내리면서부터 조금씩 생각이 바뀌었다. 나무 의사를 천직으로 삼아 온 이래 수많은 나무를 되살려 왔다고 자부했지만, 곰곰이 되짚어 보니 내가 나무를 돌본 게 아니라 실은 나무가 오히려 나를 살게 했다는 생각이 들었다. 나무에 대해 알면 알수록 자신의 삶을 살아가는 나무의 오랜 지혜에 탄복할 수밖에 없었던 것이다.

내 한 몸 건사하기도 벅찼던 젊은 시절 한 아이의 아빠가 되었을 때, 나는 당최 아이를 어떻게 대할지 몰라 허둥대다가 손을 많이 댈수록 오히려 자라지 못하는 어린 묘목을 떠올렸다. 나무를 키울 때 지나친 관심이 오히려 성장을 방해한다는 걸 떠올리고는 아이도 나무 기르듯 하자고 마음먹었다. 그러고는 마치 어린 묘목을 돌보듯 간섭하고 싶은 마음을 거두고 한 걸음 뒤에서 아이를 지켜보았다. 덕분에 딸아이는 일찍부터 제 인생을 스스로 선택하고 책임지는 법을 깨우쳤다.

살면서 부딪치는 힘든 문제 앞에서도 나는 부지불식간에 나무에게서 답을 찾았다. 척박한 산꼭대기 바위틈에서 자라면서도 매해 꽃을 피우고 열매를 맺는 나무의 한결같음에서 감히 힘들다는 투정을 부릴 수 없었다. 평생 한자리에서 살아야 하는 기막힌 숙명을 의연하게 받아들이는 나무를 보면서는 포기하지 않는 힘을 얻었다. 살다 보면 때로 어떻게든 버티는 것만이 정답인 순간이 온다는 것도 나무가 아니었으면 몰랐을 것이다.

인생의 후반기에 접어든 지금은 노목에게서 나이 듦의 자세를 새삼 깨우치고 있다. 나이를 먹을수록 제 속을 비우고 작은 생명들을 품는 나무를 보며 가진 것을 스스럼없이 나누는 삶, 비움으로서 채우는 생의 묘미를 깨닫곤 한다. 평생을 나무를 위해 살겠다고 마음먹고 병든 나무를 고쳐 왔지만, 실은 나무에게서 매 순간 위로를 받고 살아갈 힘을 얻은 것이다.

그래서 지금 나는 생각한다. 남은 날들을 꼭 나무처럼만 살아가자고. 마지막 순간까지 최선을 다해 살다가 미련 없이 흙으로 돌아가는 나무처럼, 주어진 하루하루 후회 없이 즐겁고 행복하게 살다가 편안하게 눈 감을 수 있기를 바라는 것이다.

누구에게나 오로지 짊어지고 가야 할 인생의 무게가 있다. 생명을 가진 모든 존재는 저마다 생의 대가로 무언가를 책임지고 감내하며 살아야 한다. 백창우 시인이 표현했듯 '날마다 어둠 아래 누워 뒤척이다 아침이 오면 개똥 같은 희망 하나 가슴에 품고 다시 문을 나서는' 것이 인생일지 모른다. 때로 넘어지고 때로 좌절하는 쉽지 않은 일상에서 존재만으로 위로가 되고 마음을 오롯이 나눌 그 무언가가 있다면, 그것만으로 인생은 살 만한 것일 게다. 내게는 나무가 그런 존재였다.

그런 의미에서 나무는 평화의 기술자다. 세상 그 무엇에게도 해를 끼치지 않고 존재 자체로 휴식이 되고 작은 평안을 가져다준다. 팍팍한 삶에 잠시나마 숨을 고를 여유를 주고, 세상사에 휘둘려 조급해진 마음을 지금 이대로도 괜찮다며 다독여 준다. 그처럼 내가 나무에게서 받았던 과분한 선물을, 청하지 않아도 서슴없이 내주는 나무의 위로를, 곁에 있는 것만으로 깨닫게 되는 그 생명력을 더 많은 사람과 나누고 싶었다. 어디 가나 벽이고 혼자라는 생각이 들 때, 내가 그랬듯 이 책을 읽는 당신도 나무로부터 단단한 삶의 태도와 지혜를 얻었으면 좋겠다.

아울러 30년간 나무 의사로 살면서 더없이 충만한 삶을 누릴 수 있도록 도와준 아내와 푸른공간 식구들에게 감사의 말을 전한다. 그들이 없었더라면 나무와 함께했던 지난날의 경험을 이렇게 세상에 감히 내놓을 기회를 누리지 못했을 것이다. 마지막으로 오늘도 다시금 내게 좋은 인생을 가르쳐 주는 이 땅의 모든 나무에게 고맙다는 말을 하고 싶다.

2019년 9월

우종영

Contents

Chapter 2

나무는 내일을 걱정하느라 오늘을 망치지 않는다

Chapter 3

30년간 나무 의사로 살면서 깨달은 것들

Chapter 4

나무와 더불어 사는 즐거움

Chapter 5

뿌리 깊은 나무처럼 단단하게 이 세상을 살아가는 법

Chapter 1

세상에서 가장 나이 많고 지혜로운 철학자, 나무에게 배우다

I learned life from trees.
The essential life
lessons from trees,
the oldest and wisest
philosophers in the World.

나무는 내일을 걱정하느라
오늘을 망치지 않는다

서울 청계산 원터골 입구에서 매봉에 이르는 길목. 등산객의 편의를 위해 만들어진 돌계단을 오르다 보면 제일 먼저 작은 정자를 만나게 된다. 초입이라 무심히 지나치기 쉬운데 잠시 걸음을 멈추고 찬찬히 살피면 정자 옆으로 기이한 모양의 소나무 한 그루가 눈에 들어온다. 몸통이 마치 피리 장단에 고개를 든 코브라처럼 휘어 있어 소나무를 처음 본 사람들은 실소를 터트린다. 그 뒤에 이어지는 질문. "대체 어떻게 나무줄기가 이렇게 휠 수 있어요?"

그 소나무를 발견한 건 20년도 훨씬 전이다. 계곡 옆에 자리를 잡은 소나무는 처음 10여 년간 주변에 해를 가릴 만한 큰 나무가 없는 덕에 곧고 튼튼하게 자랄 수 있었다. 그렇게 유년기를 지나 성목으로 자라던 어느 봄, 계곡 위쪽에 있던 굴참나무가 성큼 자라 소나무의 공간을 침범해 오기 시작했다. 모든 나무가 그렇지만 특히 햇볕을 많이 받아야만 제대로 클 수 있는 소나무는 저보다 훨씬 빨리 자라는 굴참나무에게 위협을 느꼈는지, 우듬지(나무줄기의 맨 꼭대기 부분으로, 어느 방향으로 뻗어 나갈지를 결정한다)의 끝눈의 방향을 계곡 쪽으로 틀었다. 다행히 계곡 인근에는 그늘을 드리울 큰 나무가 없었기 때문에 햇볕이 충분했지만 자라는 방향을 틀어 버린 탓에 몸통은 ㄱ자 꼴이 되고 말았다.

그렇게 자라기를 또 몇 해. 이번에는 굴참나무를 대신해 계곡 반대편에 있던 산벚나무의 가지 끝이 소나무를 향해 자라기 시작했다. 그러자 이쪽도 여의치 않다는 것을 감지한 소나무는 다시 계곡 아래쪽으로 방향을 틀었다. 결국 소나무는 누가 억지로 잡아 휘어 놓은 것처럼 ㄷ자 모양의 희한한 몸통이 되었다.

청계산 소나무의 수난사가 이대로 마무리되었으면 좋으련만 이야기는 이걸로 끝이 아니다. 이번에는 아래편에 있는 산딸나무가 문제였다. 언제 자리 잡았는지도 모를 산딸나무가 기세 좋게 가지를 뻗어 오니 소나무는 다시 방향을 바꿀 수밖에 없는 처지가 됐다. 그런데 더 이상 뻗어 갈 곳이 없었다. 햇볕을 받을 재간이 없으니 길어야 한두 해 뒤 고사당할 수밖에 없는 운명에 놓인 것이다. 바로 그 순간 예기치 않은 도움의 손길이 찾아왔다. 때마침 사람들이 정자를 짓는다며 소나무 위쪽에 있던 굴참나무를 베어 버린 것이다.

갈 곳이 없어 방황하던 소나무의 우듬지는 결국 제자리로 돌아와 안도의 한숨을 내쉬었다. 그렇다고 소나무가 긴장의 끈을 놓은 것은 아니다. 언제 또 다른 나무들이 자신의 공간을 침범해 올지 모르기 때문이다.

나무는 늘 변함없이 자리를 지키고 있는 것처럼 보이지만 사실 주변 환경의 변화에 가장 민감한 생명체다. 움직일 수 없는 탓에 환경의 영향이 절대적이고, 생존하려면 주변의 아주 작은 변화에도 재빨리 대응해야 한다. 말 그대로 나무의 삶은 선택의 연속인 셈이다. 해를 향해 뻗도록 프로그래밍 되어 있는 우듬지의 끝은 배의 돛대 꼭대기에서 주변을 감시하는 선원과 같다. 항해에 방해가 되는 장애물을 발견하면 그 즉시 방향 전환을 해야 한다. 우듬지의 끝은 가지에 이르는 햇볕의 상태를 일분일초 예의 주시하다가 조금이라도 달라질 낌새가 감지되면 미련 없이 방향을 바꾼다. 그 선택에 주저함은 없다. 오늘 하루가 인생의 전부인 양 곧바로 선택을 단행한다. 가만히 보면 선택이 가져올 결과에는 별 관심이 없는 듯하다. 그저 온 힘을 다해 지금 이 순간에 집중할 뿐이다. 하긴 결과를 예측해 본들 무슨 소용이 있으랴. 미래에 어떤 상황이 펼쳐질지 아무도 모르는데 말이다.

몇 해 전 우연히 탈북자를 만날 기회가 있었다. 남한에 자리 잡기 위해 몇 번의 부침을 거듭하다가 숲 생태 분야에 관심을 갖게 되었다는 그는 북한에서는 제법 잘나가는 당원이었다고 한다. 큰 어려움 없이 평탄하게 살다가 친척 중 한 사람이 월남하는 바람에 사상적으로 의심을 받게 되었고, 급기야 온 가족을 데리고 탈출을 결심하게 됐단다. 당시 내 질문은 지극히 상투적인 것이었다.

"북한은 살기가 좀 어때요?"

그런데 돌아오는 대답이 뜻밖이었다. 자신은 어쩔 수 없이 탈북을 감행했지만 그런 예기치 않은 상황만 닥치지 않는다면 북한이 훨씬 살기 좋다는 것이다. 남쪽의 어떤 점이 북한보다 살기 어렵게 느껴졌는지 묻자 그가 말했다.

"선택이 어려워서요."

선택이 어렵다니? 선뜻 이해가 안 되었다. 내 표정을 읽은 듯 그는 재차 답변을 이어 갔다.

"북한에서는 선택이 필요 없습니다. 당의 지시대로 생활하고 사상적으로 거스르는 행동만 하지 않는다면 부족한 대로 집도 주고, 옷도 주고, 밥도 줍니다. 그런데 남한에서는 뭐 하나만 잘못 선택해도 쫄딱 망하기 십상이니 스트레스가 보통이 아닙니다."

대화 중에 '선택 노이로제'라는 말까지 나온 걸 보면 그에게 선택이란 생존을 위협하는 공포였던 것 같다.

우리가 의식하지 못하고 있을 뿐 인생의 모든 순간은 선택으로 이루어진다. 어느 학교에 가고 어떤 직업을 택할지부터 아주 사소하게는 오늘 점심 메뉴를 뭘로 하고 어디에서 먹을지까지 선택의 연속인 셈이다. 〈내셔널 지오그래픽〉의 보도에 따르면 인간은 하루에도 150가지 이상의 선택을 하며 살아간다고 한다. 그처럼 선택할

게 너무 많다 보니 사람들은 선택의 기로에 서는 것 자체를 스트레스로 받아들이게 된다. 100퍼센트 완벽한 선택은 없다지만 그럼에도 자신의 선택은 틀리지 않기를 바라기 때문이다. 하긴 누가 실수를 하고 싶고, 잘못된 결과를 책임지고 싶겠는가.

내게도 꽤 여러 번 중요한 선택의 순간이 있었다. 30대 초반 농사를 짓다가 망해 지푸라기라도 잡고 싶은 심정으로 도시 이곳저곳을 배회했다. 할 줄 아는 것은 땅 파는 일과 화초에 물 주기, 장미 접붙이기, 국화 키우기뿐이라 방황하던 터에 지인으로부터 꽃꽂이를 배워 보라는 조언을 들었다. 잘만 하면 생계 해결은 물론 해외 시장 진출도 가능하다는 말에 가히 전투적으로 배웠다. 얼마나 열심이었던지 얼마 지나지 않아 수강료를 내기는커녕 오히려 월급을 줄 테니 나오기만 해 달라는 요청까지 받을 정도였다. 실력은 부쩍 늘었고 얼마 안 가 방송국과 호텔 등에서 일이 들어오기에 이르렀다.

하지만 곧 잘못된 선택이었음을 깨달았다. 꺾인 꽃의 유한함에 회의가 들었고 자꾸만 들판의 풋풋한 풀 냄새가 그리웠다. 그렇지만 밤낮없이 일하다 보니 산과 들의 나무와 풀들을 볼 시간을 내기가 어려웠다. 어느 순간부터 수중에 돈은 차곡차곡 모이는데 가슴은 자꾸 답답해져 갔다. '돈을 벌어야 하지만 정말 이 방법밖에 없는 걸까?' 고민하던 나는 결국 하던 일을 모두 중단하고 다시 나무에

우묵사스레피나무는 바닷가 가파른 절벽이라는
악조건 속에서도 매 순간 최선을 다해
뿌리를 내리고 삶을 일구었다.

눈길을 돌렸다. 돈을 적게 벌더라도 나무 곁에 머물기로 결심한 것이다. 그때 나는 자신이 내린 결정이 잘못된 선택임을 깨달았을 때 과감히 뛰쳐나오는 것 또한 중요하다는 사실을 깨달았다.

생각해 보면 아직 오지도 않은 미래 때문에 현재를 희생하는 건 오직 인간뿐이다. 더 큰 문제는 선택 앞에서 지레 겁을 먹고 고민만 하다가 아무것도 못 하는 것이다.

미래를 걱정하느라 오늘을 희생하는 자신을 발견한다면 한 번쯤 청계산의 소나무를 떠올려 보는 건 어떨까. 소나무는 내일을 걱정하느라 오늘을 망치지 않았다. 방향을 바꾸어야 하면 미련 없이 바꾸었고, 그 결과 소나무는 오래도록 그 자리를 지키고 서 있다. 덕분에 사람들 눈에 조금은 우스꽝스러운 모습이 되었지만 그럼 어떤가. 소나무가 왜 ㄷ자 모양이 될 수밖에 없었는지 알고 나면 그 지독하고도 무서운 결단력에 혀를 내두르게 될 뿐이다. 내일을 의식하지 않고 오직 오늘 이 순간의 선택에 최선을 다해 온 소나무.

천수천형千樹千形. 천 가지 나무에 천 가지 모양이 있다는 뜻이다. 한 그루의 나무가 가진 유일무이한 모양새는 매 순간을 생의 마지막처럼 최선을 다한 노력의 결과다. 수억 년 전부터 지금까지 나무의 선택은 늘 '오늘'이었다.

스스로 나무 의사라는 이름을 달고 살아온 시간이 30여 년. 이제 머리에는 흰서리가 내리고 어느덧 인생의 후반기에 접어들었지만 여전히 선택은 어렵다. 크고 작은 선택 앞에서 두려움이 밀려올 때면 산에 오른다. 오늘을 사는 나무를 보기 위해서다. 아직 오지 않은 내일을 계산하느라 오늘을 망치고, 스스로를 죽이는 내가 되지 않기 위해 몸으로 전하는 나무의 조언을 듣는다.

아무것도 할 수 없던 순간에
나무가 가르쳐 준 것

살다 보면 누구나 뜻하지 않은 시련을 겪게 마련이다. 내게도 그런 순간이 있었다. 책을 쓰고 한참 강의도 다니던 50대 중반 즈음 갑작스럽게 다리 수술을 받게 되었다. 혈기왕성하던 30대 때 산에서 굴러떨어져 왼쪽 무릎 연골이 파열된 적이 있는데, 의사의 말을 듣지 않고 계속 산을 오르내린 것이 화근이었다. 10여 년 전 참나무 시들음병 방제를 위해 산에 오르다 왼쪽 무릎에 갑자기 칼로 후벼 파는 것 같은 통증이 몰려왔다. 너무 아팠다. 비명도 지르지 못하고 구르듯 산에서 내려와 병원을 찾아갔더니 의사가 말했다.

"그냥 놔두면 산에 다니는 건 고사하고 아예 못 걷게 될지도 모릅니다."

문제는 수술이 필요한 곳이 왼쪽 무릎만이 아니라는 사실이었다. 검사를 받아 보니 아픈 왼쪽 다리를 대신해 버텨 온 오른쪽 무릎도

손상된 상태였다. 양다리 모두 수술하는 것 외에는 뾰족한 치료법이 없었다. 의사는 수술하면 한동안 바깥출입조차 쉽지 않을 거라고 말했다. 그래도 설마 했던 것 같다. 수술을 잘 끝내면 돌아오는 봄에는 다시 산에 갈 수 있을 거라고 생각했던 것이다.

하지만 그것은 오산이었다. 회복은 너무나 더뎠고 그러는 사이 계절이 두 번이나 바뀌었다. 봄을 지나 신록의 나무가 지천에 자라는 한여름에 접어들기까지 나는 아무것도 하지 못한 채 집에 틀어박혀 있었다. 거동이 불편하니 산에 오르기는커녕 강연도 나갈 수 없었다.

그런데 생각보다 그 열패감이 컸다. 평생 전국 방방곡곡을 누비며 살아온 내가 당시에 할 수 있는 일이라곤 아파트 창문 밖으로 북한산 자락을 바라보는 게 전부였다. 거의 반년을 두문불출한 채 집에만 있으려니 좁아진 행동반경만큼이나 자신감도 줄었고 대신 불안이 그 자리를 채웠다. 잠자리에 들 때면 이대로 영영 산에 못 다니는 건 아닌지, 수술까지 받은 다리로 과연 예전처럼 나무를 치료하러 다닐 수 있을지 등등 온갖 상념이 꼬리를 물고 이어졌다. 그렇게 괴로운 시간을 보내던 어느 날 문득 이런 생각이 들었다.

'하루에도 수많은 사람이 이보다 더 큰일을 당하고도 살아가는데, 이깟 다리 수술받은 게 무슨 대수일까? 못한다고만 생각하지 말고 할 수 있는 만큼만 하면 되지 않을까?'

수술을 받고 집에 있으면서 내가 깨달은 건 아무것도 하지 않으면 아무 일도 일어나지 않는다는 지극히 평범한 사실이었다. 그렇게 마음을 달리 먹고 창밖을 바라보니 이제 막 단풍이 들기 시작한 나무들이 눈에 들어왔다. 신록의 잎끝을 붉게 물들이는 나무들을 바라보며 결심했다. 목발을 짚고 지리산을 종주해 보자. 어차피 남아도는 게 시간이니 남들 열 걸음 걸을 때 나는 한 걸음 걸으면 될 일. 목발에 의지해 한 걸음 한 걸음 천천히 걷다가 정 힘이 들면 그냥 돌아오면 될 터였다. 그렇게 나는 딱 한 걸음만 떼어 보자는 마음으로 지리산 종주에 나섰다.

그간 무수히 많은 산을 오르내렸지만 걸음 하나하나에 온 신경을 집중하며 앞으로 나아간 적은 그때가 처음이었다. 왼쪽 목발을 앞으로 옮기고 오른쪽 다리를 내딛고, 다시 오른쪽 목발을 옮긴 뒤 왼쪽 다리를 내딛는 식이었다. 사람들은 목발을 짚고 산에 오르는 나를 신기한 눈으로 쳐다봤지만 개의치 않았다. 내게 중요한 건 시간이 걸릴지라도 오직 내 힘으로 종주를 끝내는 것이었다.

대원사에서 시작한 첫날의 산행은 치밭목 산장에서 끝이 났다. 보통 사람의 걸음으로 서너 시간이면 충분한 거리였지만 나는 새벽부터 밤늦은 시간까지 쉬지 않고 걸은 뒤에야 겨우 산장에 도착할 수 있었다. 하지만 나는 그 어떤 산행 때보다도 기뻤다. 걸음이 느린 덕에 아주 작은 들풀도 놓치지 않고 눈을 맞출 수 있었고, 숨이 가빠 걸음을 멈출 때마다 바닥에 쌓인 낙엽들이 지친 내 발목을 어루만져 주었다. 이렇게 좋을 줄 알았다면 진즉 나설 걸, 하고 후회가 될 정도였다. 그러고 보면 나는 그동안 내가 만든 감옥에 스스로를 가둔 채 괴로워했던 것이다. 한 걸음을 내디딜 시도조차 해 보지 않은 채 말이다.

목발을 짚고서도 산에 오를 수 있다는 걸 확인한 나는 이튿날부터 과감하게 야간 산행을 감행했다(요즘은 야간 산행이 금지되어 있다). 느린 걸음 때문에 좁은 산길을 오가는 사람들에게 불편을 끼치는 것이 신경 쓰이기도 했거니와 빠른 걸음으로 나를 지나쳐 가는 이들을 보며 어렵게 다잡은 마음이 심란해지는 게 싫었다. 게다가 산에 대해 잘 알고 있고 더욱이 암반도 아닌 숲길을 걷는데 밤이라고 특별히 어려울 것 같지 않았다. 무엇보다 해 보지 않고서는 모를 일이었다. 지난 6개월간 집에 갇혀 지낸 것도 기실 내 안의 두려움 때문이 아니었던가. 문제는 밤길이 아니라 걸음도 떼기 전에 주춤대는 내 마음이었다.

탐방객이 줄어드는 오후가 되어 슬슬 걷기 시작했다. 이윽고 밤이 되어 헤드 랜턴을 켰지만, 전등이 비추는 곳을 제외하고는 주변이 너무 깜깜했다. 그래서 과감히 전등을 꺼 버렸다. 한밤중의 빛은 역설적이게도 공포감을 더 불러일으키기 때문이다. 전등을 끈 채 호흡을 가다듬는 동안 두 눈이 어둠에 익숙해지면서 풀과 나무가 보이기 시작했다. 그 사이사이에 숨어 있는 벌레들의 작은 읊조림도 조금씩 들려왔다. 한결 편안해진 마음으로 하늘을 올려다보니 수많은 별들이 반짝이고 있었다. 하늘 가득한 별들이 마치 내게 이렇게 말해 주는 듯했다. 걱정하지 말고 한 걸음씩 내디뎌 보라고, 포기하지만 않는다면 원하는 곳에 이를 수 있을 거라고. 해가 내리쬐고 사람들로 분주한 한낮에는 바위나 나무 등걸에 기대어 쪽잠을 자고, 어스름한 저녁부터 새벽까지 걷기를 일주일. 비록 남들보다 두 배 이상 시간이 걸리긴 했지만 나는 애초 생각대로 목발을 짚은 채 무사히 지리산 종주를 마칠 수 있었다.

마지막 날 노고단 정상에서 서서히 떠오르는 해를 보며 생각했다. '목발을 짚고 나설 생각을 하지 못했다면 죽을 때까지 이런 기쁨을 절대 몰랐겠구나. 정말이지 해 보지 않고서는 알 수 없는 게 인생이구나….'

지리산 종주를 마친 뒤에도 한동안 나는 목발 신세를 면치 못했다. 수개월이 지난 후에야 조금씩 걸을 수 있게 됐지만 전처럼 높은 바위를 오르거나 경사진 곳에서 내달리지는 못한다. 하지만 이상하게도 마음은 수술을 받기 전보다 훨씬 더 자유로워졌다. 어떤 어려움이 닥치든 내가 무언가를 할 수 있는지 없는지 판단하는 척도는 내게 달렸고, 정말 두려워할 것은 두려움 그 자체뿐이라는 걸 깨달았기 때문이다. 중요한 건 지금 내가 할 수 있는 일을 찾아 해 보는 것이다. 물론 아무것도 변하지 않을지 모른다. 하지만 분명한 건 조금이라도 움직이면 최소한 나를 옥죄는 그곳에서 벗어날 수 있고, 옮겨 간 곳에서 이전에는 미처 몰랐던 또 다른 가능성을 발견하게 된다는 것이다.

그래서 지금도 나는 크고 작은 어려움에 맞닥뜨릴 때마다 이렇게 되뇌곤 한다. 못한다고 말하기 전에 딱 한 걸음만 나아가 보자고. 때론 그 작은 한 걸음이 답일 때가 있다고.

막 싹을 틔운 나무가 성장을 마다하는 이유

돌이켜 보면 내 유년기는 암울했다. 당장 끼니를 걱정해야 할 만큼 가난했던 탓에 부모님은 늘 집을 비웠고 나는 무척 외로웠다. 어린 내가 할 수 있는 일이라곤 밤늦게까지 동네 형들을 따라 여기저기 몰려다니는 것뿐이었다. 그래도 내게는 꿈이 있었다. 밤하늘의 별을 보며 천문학자가 되고 싶다고 생각했고, 그래서 학교도 열심히 다녔다. 하지만 색약 판정을 받고 꿈을 포기한 다음부터는 하고 싶은 게 아무것도 없었다. 그리고 어린 나이였지만 끼니를 걱정해야 할 판국에 공부를 한다는 게 사치처럼 느껴졌다. 그래서 그냥 학교를 그만두었다.

그 뒤로 나는 거리로 나가 비 오는 날엔 우산을 팔고, 마른 날엔 좌판을 펼쳐 놓고 신문을 팔았다. 하지만 예나 지금이나 밥벌이를 한다는 게 어디 그리 쉬운가. 더욱이 친구들은 상급학교에 진학해

진로를 준비하는데 나만 홀로 길거리의 삶을 전전하는 현실을 받아들이기 힘들었다. 어느 순간 친구들의 모습을 보면 화가 나서 견딜 수가 없었다. 하지만 자존심이 뭐라고 부러워하는 모습을 들키긴 죽기보다 싫었다. 그래서 애써 괜찮은 척했고 잘 지내는 척했다. 물론 속은 문드러질 대로 문드러져 곪아 가고 있었다.

그러던 어느 날 알고 지내던 동네 형이 나를 찾아왔다. 아는 사람이 꽃 키우는 농장을 하는데 숙식을 해결해 주는 조건으로 도제를 구한다는 것이었다. 원예에 대해 아는 것은 전혀 없었지만 찬밥 더운밥 가릴 처지가 아니었다. 게다가 먹고 자는 것도 해결해 준다지 않는가. 그래서 그길로 농장의 도제 생활을 시작했다.

알고 보니 농장 주인은 대학에서 원예 공부를 한 사람이었다. 그런데 희한하게도 그는 내게 딱히 일을 시키지 않았다. 그럴 거면 왜 사람을 들인 건지 알다가도 모를 일이었다. 할 일이 없는 나는 주인의 뒤를 졸졸 쫓아다니기 시작했다. 그리고 과묵한 주인의 어깨너머로 풀과 나무에 관한 기본적인 지식들을 하나둘씩 익혀 나갔다. 흙에서 싹을 틔우는 꽃들이 너무 신기했고, 시들하던 잎이 며칠 새 되살아나는 과정도 경이로웠다. 호기심은 배우고 싶다는 열의로 이어졌고, 곧 두꺼운 원예대백과사전을 구해다 밑줄을 그어 가며 공부하기 시작했다.

그렇게 눈동냥 귀동냥으로 공부하던 어느 날이었다. 주인장이 처음으로 내게 일을 시켰다. 고무나무를 꺾꽂이로 번식시키는 일이었다. 나는 고무나무 줄기를 자르고 물에 담가 수액을 제거한 다음 줄기 끝에 황토로 경단을 만들어 붙여 모래 상자에 심었다. 그러고는 연탄난로를 피워 모래 상자를 따뜻하게 덥히고 모래가 마르지 않게 때에 맞춰 물을 주었다. 시키는 대로 열심히 난로를 피우고 물을 주었지만 머릿속에선 의문이 떠나지 않았다.

'이런다고 뿌리가 나올까? 이 작은 줄기가 정말 커다란 나무로 자랄 수 있다고?'

궁금증을 이기지 못한 나는 주인 몰래 모래 상자에 손을 댔다. 숨을 죽여 가며 조심조심 모래에 묻힌 고무나무 줄기를 꺼내 든 순간 나는 깜짝 놀라고 말았다. 내 눈에 들어온 건 황토 경단을 뚫고 나온 가느다란 뿌리였다. 미동 하나 없이 모래 상자 안에 꽂혀 있던 고무나무 줄기가 어느새 뿌리를 만들어 내고 있었던 것이다. 마침내 고무나무를 화분에 옮겨 심던 날 농장 주인이 내게 말했다.

"고무나무는 여건상 우리나라에서는 크게 자랄 수 없지만 따뜻한 나라에서 제대로 뿌리를 내리기만 하면 20~30미터를 훌쩍 넘는 거목으로 자라지. 나무를 키울 때 정말 중요하게 생각해야 하는 건 눈에 보이는 줄기가 아니라 흙 속의 뿌리란다."

면적만 놓고 보면 세상에서 가장 큰 나무는 미국 세쿼이아 국립공원에 있는 제너럴 셔먼 트리다. 지름 11미터에 높이 84미터 되는 거구의 몸을 자랑한다. 하지만 아무리 큰 나무라도 작은 씨앗에서 시작되고, 싹이 튼다 해도 몇 해 동안은 자랄 수 없다.

막 싹을 틔운 어린나무가 생장을 마다하는 이유는 땅속의 뿌리 때문이다. 작은 잎에서 만들어 낸 소량의 영양분을 자라는 데 쓰지 않고 오직 뿌리를 키우는 데 쓴다. 눈에 보이는 생장보다는 자기 안의 힘을 다지는 데 집중하는 것이라 볼 수 있다. 어떤 고난이 닥쳐도 살아남을 수 있는 힘을 비축하는 시기, 뿌리에 온 힘을 쏟는 어린 시절을 '유형기'라고 한다.

나무는 유형기를 보내는 동안 바깥세상과 상관없이 오로지 자신과의 싸움을 벌인다. 따뜻한 햇볕이 아무리 유혹해도, 주변 나무들이 보란 듯이 쑥쑥 자라나도, 결코 하늘을 향해 몸집을 키우지 않는다. 땅속 어딘가에 있을 물길을 찾아 더 깊이 뿌리를 내릴 뿐이다. 그렇게 어두운 땅속에서 길을 트고 자리를 잡는 동안 실타래처럼 가는 뿌리는 튼튼하게 골격을 만들고 웬만한 가뭄은 너끈히 이겨낼 근성을 갖춘다. 나무마다 다르지만 그렇게 보내는 유형기가 평균 잡아 5년. 나무는 유형기를 거친 후에야 비로소 하늘을 향해 줄기를 뻗기 시작한다. 짧지 않은 시간 뿌리에 힘을 쏟은 덕분에 세찬 바람과 폭우에도 굳건히 버틸 수 있는 성목으로 거듭나는 것이다.

돌이켜 보면 암울하게만 여겼던 방황의 시간은 어쩌면 내 인생의 유형기가 아니었을까 싶다. 학교를 그만두고 길거리를 전전하는 경험이 없었다면 농장에서 눈동냥 귀동냥으로 혼자 공부하는 즐거움을 깨우쳤을 리 없고, 길거리의 거친 삶이 있었기에 온실 안의 따뜻

어린 전나무는 다른 큰 나무들과 어깨를 나란히 하기까지
100년이라는 긴 세월을 필요로 한다.

한 공기와 나무가 주는 평화를 마음 깊이 받아들일 수 있었다. 단지 생계를 위한 밥벌이는 배는 채울지언정 마음을 충족시켜 주지는 못한다는 것도 암울한 유년의 경험을 통해 알게 되었다.

그래서였을까. 고무나무 줄기에서 생겨난 뿌리를 봤을 때의 경이로움을 아직도 잊을 수 없다. 나도 방황을 끝내고 고무나무처럼 뿌리를 내리고 싶다는 생각을 하기도 했다. 그 뒤 나는 세상에 대한 원망을 떨쳐 내고 내 안의 힘을 키우는 데 집중하기 시작했다. 밤잠을 줄여 가며 공부한 끝에 원예대백과사전에 있는 모든 식물의 이름은 물론 학명까지 외웠고, 온실 안의 식물들을 온 마음을 다해 돌보았다.

그렇게 농장의 도제 생활을 하는 동안 암울했던 내 10대도 끝이 났다. 농장을 나올 즈음, 나를 둘러싼 녹록지 않은 현실은 그대로였지만, 그것을 마주하는 내 마음은 이전과 사뭇 달랐다. 뿌리의 힘을 제대로 키운 나무가 모진 시련을 딛고 거목으로 자라나듯, 스스로 단련하다 보면 언젠가 또 다른 희망이 찾아오리라는 것을 믿게 된 것이다.

가진 것 없고 배운 것 없는 내가 나무 의사라는 명함을 갖게 되기까지는 그 뒤로도 한참 동안 힘든 시간이 필요했다. 하지만 이제는 알 것 같다. 인생에서 정말 좋은 일들은 쉽게 찾아오지 않는다는 것을, 값지고 귀한 것을 얻으려면 그만큼의 담금질이 필요하다는 것을 말이다. 그래서 나는 사는 게 너무 힘들다고, 이제는 포기하고 싶다는 사람들에게 말해 주고 싶다. 우리가 원하는 행복이나 성공 같은 좋은 일들이 우연히 갑작스럽게 찾아온다면 노력이나 인내 따위는 필요하지 않을 거라고. 그러니 힘이 들어도 어떻게든 버티고 있는 스스로를 응원하면서 조금씩 앞으로 나아가라고.

지금 이 순간에도 어느 깊은 산중에 싹을 틔운 야생의 나무들은 언젠가 하늘을 향해 마음껏 줄기를 뻗을 날을 기다리며 캄캄한 땅속에서 뿌리의 힘을 다지고 있다. 기다리고, 또 기다리는 인내의 시간을 기꺼이 감수해야 더 높이, 더 크게 자랄 수 있다는 사실을 잘 알고 있기 때문이다.

일단 잘 멈추는 것부터가 시작이다

'선생님, 관심 가져 주신 덕에 드디어 책이 나왔습니다. 댁으로 보내 드릴게요.'

어느 주말 아침, 오랜만에 반가운 문자 메시지 한 통을 받았다. 메시지를 보낸 사람은 생태 관련 서적을 만드는 1인 출판사 대표였다. 그가 겁(?)도 없이 생태 전문 출판사를 차린 지 벌써 13년. 기획부터 필자 섭외, 편집에 이르기까지 혼자 갖은 고생을 하더니만 이제 제법 저만의 색깔을 갖춘 출판사로 인정받고 있다.

그를 처음 만난 건 숲 해설가 모임에서였다. 그는 사범대학을 졸업한 뒤 줄곧 잡지사 기자로 일하던 중 우연히 나무와 풀에 관심이 생겨 숲 공부를 시작했다고 했다. 궁금증으로 시작한 공부가 점점 더 깊어져 숲 해설가 자격증까지 얻게 되었단다. 그는 매달 돌아오는 마감에 숨 가쁘게 살면서도 주말이면 생태 이야기꾼으로 변신해 사람들과 함께 숲을 찾곤 했다. 그러다가 중대한 결심을 했다. 15년 열심히 해 온 기자 생활을 정리하겠다는 것이었다. 업계에서 실력을 인정받던 터라 주변 사람 대부분이 말렸다. 나 역시 그를 걱정하는 사람 중 하나였다. 복잡한 인간사에서 벗어나고 싶다는 막연한 기대만으로 이쪽 일에 발을 들여놓았다가 얼마 안 가 포기하는 사람들을 꽤 많이 봐 왔기 때문이다. 하지만 그의 말을 듣고 나는 걱정을 거둬들였다.

"지금이 적기라고 생각해요. 에너지가 다 떨어진 다음에 그만두면 다음을 기약할 수가 없잖아요. 멈추는 데도 때가 있는 것 같아요."

앞으로의 계획을 묻자 일단 잘 멈추는 것부터 하겠단다. 여태까지 그저 앞만 보고 달려왔는데 갑자기 브레이크를 밟으면 사고가 나지 않겠느냐며 웃는다. 몇 해 동안 틈이 날 때마다 산에 다니더니, 어느덧 그의 모습이 나무와 많이 닮아 있었다.

겨우내 잠들었던 생명들이 움트는 이른 봄, 나무는 누구보다 일찍 가지 끝의 눈을 깨워 하늘을 향해 자라기 시작한다. 이때부터 나무는 거센 파도에 뱃머리를 어디로 돌려야 할지 선택해야 하는 함장처럼, 햇볕을 충분히 받을 수 있는 공간을 찾아 나선다. 하지만 모든 가지가 성공적인 항해를 하는 건 아니다. 더러는 실패해 고사하기도 하고, 주책없이 멀리 나갔다가 무게를 지탱하지 못해 부러지기도 한다. 그래서 나뭇가지 끝엔 항상 긴장감이 서려 있다. 매 순간

해를 향해 움직이지만 언제 도태될지 모르니 늘 주변도 함께 살펴야 한다.

그런데 그렇게 열심히 자라는 데 총력을 기울이던 나무는 여름이 깊어질수록 조금씩 성장을 멈추기 시작한다. 햇살이 여전히 머리 위에서 작열하고 있고, 날이 추워지려면 아직 한참이나 남았는데도 더 이상 뻗어 나가지 않는 것이다. 그렇게 멈춘 가지는 그 끝에 꽃을 피운다.

한여름 우리의 눈을 기쁘게 하는 형형색색의 꽃들은 가지가 성장을 멈췄다는 증거다. 멈추지 않고 계속 자라기만 하면 풍성한 꽃도, 꽃이 진 자리에 달리는 튼실한 열매도 볼 수 없다. 내처 자라기만 하면 하늘에 가까워질 수는 있어도 뿌리로부터 점점 멀어져 결국 에너지가 고갈되기 때문이다.

그런 의미에서 나무는 스스로 멈춰야 할 때를 잘 안다. 지금까지 최선을 다해 성장했고, 욕심을 내면 조금 더 클 수 있다는 것도 알지만 어느 순간 약속이라도 한 듯 나무들은 자라기를 멈춘다. 마치 동맹을 맺듯 '나도 그만 자랄 테니 너도 그만 자라렴' 하고 함께 성장을 멈추고는 꽃을 피우기 시작한다. 결국 나무에게 있어 멈춤은 자신을 위한 약속이면서 동시에 주변 나무들과 맺은 공존의 계약인 셈이다.

나이를 먹을수록 깨닫는 것이지만 우리네 인생은 늘 마음 같지 않게 움직인다. 그런대로 잘 살고 있다고 생각했는데 어느 순간 돌아보면 언제부터인지 모르게 방향이 틀어져 있는 걸 느끼게 된다. 그럴 때는 아무리 급하더라도 가던 길을 멈추고 숨을 돌려야 한다. 나를 점검하지 않으면 자신도 모르는 새 엉뚱한 곳에 이를지 모르기 때문이다.

하지만 나무처럼 멈춰야 할 때를 잘 알기란 쉽지 않다. 마흔 초반에 몽골에 가기 직전이 그랬다. 한창 나무 돌보는 일에 집중하던 그때, 내친김에 나무를 비롯한 이 땅의 다양한 식물을 제대로 공부하고 싶다는 욕심이 생겼다. 그래서 평소 가깝게 지내는 생태학자와 함께 식물도감을 만들자고 의견을 모은 후 몽골로 떠났다. 식물의 원형을 그대로 잘 간직하고 있는 곳이 바로 몽골의 고원 지대였기 때문이다. 몇 년을 벼른 끝에 몽골에 도착한 우리는 지프차를 빌려 끝없이 펼쳐진 초원을 누비고 다녔다. 보이는 식물마다 사진을 찍어 기록으로 남기고 같이 간 학자들과 함께 토론하느라 풍경을 제대로 감상할 새가 없었다.

그런데 밤에 텐트를 치고 모닥불을 피운 뒤 밤하늘을 올려다본 순간 숨이 막혔다. 지평선 끝까지 가득 메운 별이 하늘에서 금방이라도 쏟아질 것처럼 한가득 빛을 발하고 있었다. 그 순간 달동네 꼭대기에 올라 밤하늘의 별을 보며 천문학자의 꿈을 키웠던 어린 시절이 떠올랐다. 까마득히 잊고 있었던 유년의 기억이 떠오름과 동시에 불현듯 엉뚱한 생각이 들었다. 하늘에 자리한 무수한 별들이 땅에 내려와 꽃이 된 건 아닐까. 그렇게 나는 오랜만에 잊고 있었던 기억들을 떠올리며 첫날 밤을 지새웠다. 그러고는 하나라도 놓치지 않고 전부 사진으로 찍어 기록으로 남기겠다는 생각을 버렸다. 대신 이 아름다운 풍경들을 하나하나 느끼고 감상하기로 마음먹었다.

'그냥 이 공간에 오로지 머물러 보자.'

워낙에 유유자적하기를 즐기긴 했지만 그렇게 모든 것을 내려놓은 적은 처음이었다. 말 그대로 완벽한 멈춤이었다. 비록 돈이 없어 식물도감을 완성하지는 못했지만 10여 년 동안 몽골에 드나들던 그 시간이 나는 너무 좋았다. 내가 정말 원하는 일, 하고 싶었지만 못했던 일, 반대로 남들이 보기엔 꽤 성공한 것처럼 보이지만 정작 나는 진심이 아니었던 일 등 부지불식간에 놓쳤던 것들을 정리할 수 있었기 때문이다. 몽골에 가지 않았더라면, 몽골에 가서도 식물도감을 만들겠다며 사진 찍기에만 바빴다면 미처 되짚어 보지 못할 것들이었다.

끝없이 펼쳐진 몽골의 평원과 들풀, 밤하늘의 기억만을 가득 안고 집에 돌아왔을 때 아내는 거지꼴이 다 돼 현관문을 여는 나를 보고 대뜸 물었다.

"당신, 몽골에 사진 찍으러 간다더니 많이 찍어 왔어요?"

비록 계획했던 식물도감은 만들지 못했지만 지금도 나는 당시의 일을 두고 아내에게 말하곤 한다.

"그때 식물도감을 냈으면 지금의 나는 없었을 거야."

틀린 말이 아니다. 몽골을 다녀온 뒤 전문용어가 잔뜩 섞인 식물도감 대신 우리 가까이에 있는 나무 이야기를 써 보겠다고 마음먹었으니 말이다. 졸필이긴 해도 나무와 숲을 모르는 아이들을 위해 동화책도 썼고, 게으른 산행을 하며 나무를 더 깊이 보는 법에 대한 책도 썼다.

그러고 보면 몽골에서의 10여 년은 내가 정말 하고 싶은 일이 무엇인지를 돌아보고, 그것을 위한 에너지를 비축한 참 필요한 시간이었다. 아마도 그때 멈추지 않았더라면 나는 나무 전문가로 인정받고 싶은 욕심에 눈이 멀어 식물도감을 내겠다고 설치다가 부끄럽기 그지없는 책을 내고 다시는 책을 쓰지 않았을지도 모른다. 그러니 얼마나 다행인가. 그 일을 계기로 멈춤의 필요성을 절감하게 된 나는 의식적으로 멈추는 시간을 가지려고 노력했다.

며칠 전, 약속이 있어 시내에 나갔다가 잠시 짬이 나 서점에 들렀다. 생태 전문 편집자가 된 그 친구가 펴낸 책들을 하나씩 살펴봤다. 만든 이의 정성이 고스란히 담긴 책들을 보는데 문득 멈추는 데도 때가 있는 것 같다는 그의 말이 떠올랐다. 그이라고 왜 두렵지 않았을까. 더군다나 그간 쌓아 온 성공적인 삶을 송두리째 내려놓는 멈춤이 아니었던가. 하지만 그가 내놓은 단단한 책들을 보고 있자니 어쩌면 멈춤이야말로 앞으로 나아가기 위해 반드시 필요한 과정이 아닐까 하는 생각이 들었다.

그는 아직 국내에 알려지지 않은 생태 관련 외서를 직접 발품을 팔아 번역해 출간하는 것은 물론, 대학 시절의 전공을 살려 아이들을 대상으로 한 생태 교육에도 열심이다. 직접 집필한 책도 몇 권 되고 요새는 기업과 도서관, 시민 단체에 강의도 다닌다. 자연과 인간이 공존하는 생태적 환경을 조성하려면 보다 많은 사람에게 생태적 삶이 무엇인지부터 알릴 필요가 있다는 게 그의 뜻이다.

조만간 산에서 그를 다시 만나게 되면 나무 동화 한 편을 써 보라고 권해 주고 싶다. 여름이 깊어 갈 때 밖으로 내달리고 싶은 유혹을 이기고 꽃을 피우는 나무 이야기 말이다. 어쩌면 그것은 아이가 아닌 어른들을 위한 동화가 아닐까 싶다. 자라야 할 때와 멈춰 서야 할 때를 아는 나무의 모습이 결국 그가 사람들에게 이야기하고 싶은 생태적 삶일 수도 있으므로.

나를 놀라게 만든 어느 할아버지의 한마디

어느 날엔가 한 할아버지로부터 전화를 받았다.

"우리 집 마당에 있는 모과나무 상태가 너무 안 좋아요. 어떻게 해야 좋을지 몰라서 그러는데, 선생이 혹시 와 줄 수 있나 해서 전화했소."

목소리가 다급해서 금방 가 봐야지 했지만 일정이 맞지 않아 할아버지를 뵙게 된 것은 며칠이 지나서였다. 그런데 할아버지를 보자마자 나는 깜짝 놀랄 수밖에 없었다. 분명 나무 상태에 대해 아주 구체적으로 설명하셨는데 내 눈앞에 서 있는 할아버지는 앞을 못 보는 시각장애인이셨기 때문이다. 할아버지는 나무 상태가 안 좋다는 사실을 어떻게 아셨을까? 내 머릿속은 놀라움과 혼돈 그 자체였다.

하지만 불쑥 그 질문을 드리면 혹시나 실례가 될 것 같아 우선 모과나무 상태를 보러 갔다. 상태는 할아버지가 말씀하신 그대로였다. 그동안 무슨 일이 있었던 건지 모과나무 밑동엔 대못이 박혀 있던 자국이 흉하게 남아 있고, 그 위로는 사람의 이름도 새겨져 있었다. 누군지 몰라도 이름을 새기면서 얼마나 나무를 괴롭혔던지 그 주위가 시커멓게 썩어 가고 있었다. 할아버지는 걱정이 되는지 계속 주위를 맴돌며 내게 물으셨다.

"선생, 나무를 살릴 수 있을까요?"

시간은 걸리겠지만 아주 늦은 상태는 아니었다. 치료하고 잘 보살펴 주면 문제가 없을 거라고 말씀드리자 할아버지의 표정이 그제야 비로소 밝아졌다. 응급 치료를 마치고는 할아버지께 모과나무를 보살필 때 유의할 점들을 알려드렸다. 그러면서 자연스럽게 이런저런 얘기를 나누게 되었는데, 알고 보니 나무에 각종 상처를 낸 것은 먼저 살던 집주인과 그의 아이들이었다. 모과나무가 그들에게는 정원을 구성하는 하나의 장식품이자 놀잇감에 불과했던 것이다. 그렇지 않고서야 왜 멀쩡한 나무에 대못을 박고 이름을 새기겠는가. 할아버지는 손으로 나무를 만져 보다 대못을 발견하고는 얼른 못을 뺐지만 여기저기 상처가 많은 것 같아 걱정이 되었다고 하셨다. 나는 더 이상 참지 못하고 여쭤 보았다.

"죄송한 말씀입니다만 어르신은 어떻게 나무 상태를 그렇게 잘 알고 계세요? 혹시 누가 옆에서 가르쳐 준 건가요?"

할아버지는 싱거운 질문을 한다는 듯 내 쪽으로 고개를 돌리시더니 이렇게 말씀하셨다.

“그걸 왜 몰라? 관심을 가지면 다 알게 되는 거지요.”

나는 아무 말도 할 수가 없었다. 너무 당연하고 옳은 말이기 때문이다. 나무의 상태를 볼 수 있는 눈이 있어도 관심이 없으면 나무가 다 죽어 가도 모른다. 심지어 나무가 거기에 있었는지도 몰랐다는 무심한 사람들을 너무 많이 봐 왔다. 할아버지만 봐도 알 수 있지 않은가. 안 보인다고 보지 못하는 게 아니다. 본다고 다 볼 수 있는 것도 아니다. 진정으로 보는 것은 마음의 문제이고, 관심의 문제이기 때문이다. 관심이 없으면 나무가 바로 옆에 있어도 있는 줄 모른다.

어떤 존재에 대해 관심이 없다는 것은 그것이 나에게 중요하지 않다는 말과 같다. 나에게 중요하지 않으니까 보고 있어도 보이지 않는 것이다. 나무에 장난을 치는 사람들, 나무가 썩어 들어 가도 그냥 방치하는 사람들을 보면 화가 나다가도, 할아버지의 말씀을 되새기며 다시금 생각해 보게 된다. 나 또한 살기 바쁘다는 이유로 관심을 기울이지 않고 있는 소중한 존재는 없는지 돌아보게 되는 것이다.

오래된 숲일수록
적당한 틈이 있는 까닭

세상에 완벽한 사람은 없다. 하지만 사람들은 오늘도 완벽해지기 위해 애쓴다. 1등만 기억하는 세상에서 승자가 되려면 최고가 되어야 하고, 그러기 위해서는 모든 일을 완벽하게 실수 없이 해내야 한다고 생각하기 때문이다. 하지만 그런 부담감은 사람을 짓누르게 마련이다. 결국 일을 하면서 느끼는 즐거움은 어느새 사라져 버리고 그 자리에는 초조함과 불안만이 가득하게 된다.

한때 지독한 완벽주의자였으나 어느 순간 그로 인해 극도의 불안, 스트레스와 싸우며 몸도 마음도 지쳐 버린 사람이 있었다. 그는 자신의 불안감과 불행을 연구하기 시작했고 그 결과 중요한 비밀을 하나 알아냈다.

'완벽주의자는 결코 행복하지 않다.'

그는 《완벽의 추구》라는 책을 펴낸 하버드 대학교 탈 벤-샤하르

교수다. 나는 그 책을 읽으며 내 젊은 시절을 떠올렸다. 나 또한 완벽주의를 강요하는 사회에 길들여져 있던 탓일까. 누가 뭐래도 흠결 없는 나무 의사가 되고 싶었다. 나무를 하나라도 더 살리려고 애썼고, 살리지 못하면 속이 상했다. 의사라면 누구나 그렇겠지만 나는 유독 살리지 못한 나무들만 내내 마음에 남았다. 목전에서 죽어가는 나무들을 지켜보는 것도 괴로웠다. 전부 내 능력이 부족한 탓인 것만 같았고, 그럴수록 나무 의사 노릇을 하는 것 자체에 회의가 들었다.

그러던 어느 날이었다. 그날도 마침 병이 들어 고생하고 있는 나무를 치료하고 있는데 서울 근교의 한 사찰에서 연락이 왔다. 절 마당에 있는 반송 한 그루가 곧 죽을 것 같다고 했다. 소식을 듣고 한달음에 달려가 보니 반송은 한눈에 봐도 연륜이 느껴질 만큼 오래된 나무였다. 하지만 줄기가 부러진 채 너무 오래 방치된 탓에 그냥 두면 명을 다할 것이 분명했다.

원래 반송은 생태적인 특성상 다른 소나무에 비해 수명이 짧다. 줄기에 비해 가지를 너무 많이 뻗기 때문이다. 끝도 없이 뻗어 나간 가지의 무게를 견디다 못해 가지들이 갈라져 결국 쓰러지고 만다. 하지만 그 지경에 이르기 전에 줄당김으로 가지끼리 잘 묶어 주면 줄기가 갈라지는 불상사를 막을 수 있다. 반송을 오랫동안 돌봐 온 절에서 이런 사실을 모르지 않았을 텐데 나무가 이렇게 될 때까지 왜 그냥 놔둔 걸까? 안타까운 마음에 이미 갈라진 줄기를 들여다보고 있는데 노스님 한 분이 곁에 다가와 조용히 말했다.

"우리 젊은 스님이 연락을 드린 모양인데 그냥 두시지요. 살 운명이면 그냥 둬도 살 것이고, 죽을 운명이면 아무리 애를 써도 죽지 않겠소. 죽어서 흙으로 돌아가려는 나무를 억지로 살려 내는 것도 순리는 아니지요."

그 순간 머리를 망치로 맞은 느낌이었다. 어쩌면 한 그루의 나무라도 더 살려 보겠다는 염원이 실은 나무 의사로서 완벽해지고 싶은 욕심일지도 모른다는 생각이 그제야 들었다. 절대 실패하고 싶지 않고, 일을 잘한다는 소리를 듣고 싶고, 그래서 최고라고 인정받고 싶은 욕심이 과해 나무를 제대로 보지 못한 것이다. 나무 입장에서 판단하고 자연의 순리에 맞게 나무 의사 노릇을 했어야 했는데 그러지 못한 것이다. 그동안 내 과욕이 주어진 삶을 살다가 흙으로 돌아가는 자연의 섭리를 얼마나 거스른 걸까. 부끄러운 마음에 나는 한동안 그 자리를 뜨지 못했다.

그 뒤 나는 모든 나무들을 완벽하게 낫게 해 주겠다는 욕심을 버렸다. 대신 나무가 살아 있는 동안 조금 더 편안하게 삶을 누리도록 돕는 일에 집중하기 시작했다. 거기에는 생명을 다한 나무들을 잘 보내는 일도 포함되었다. 괴롭게 수명을 연장시키느니 아름다운 상태에서 죽음을 맞게 하는 것도 나무 의사의 할 일이라고 생각하게 된 것이다. 아마도 그때부터였던 것 같다. 빡빡하던 나무 의사 노릇에 숨 쉴 틈이 생긴 것이 말이다. 덕분에 나는 나무 의사 생활을 지치지 않고 즐겁게 해 올 수 있었다.

한 그루의 나무라도 더 살리려고 동분서주하던 젊은 날의 모습을 떠올리면 빈틈없이 나무로 꽉 들어찬 우리 근대의 숲이 생각난다. 전쟁 직후 우리나라의 녹화 사업은 가히 전투적이었다. 전쟁을 겪은 산은 대부분 벌거벗은 모습이었고, 녹색 옷을 다시 입히기 위해 4월이면 온 국민이 묘목을 들고 산에 올랐다. 빈틈없이 나무를 심은 덕에 오래지 않아 숲은 어디를 가나 울창해졌다. 어찌나 빼곡하게 심었는지 숲에 들어서면 웬만큼 비가 와도 옷이 젖지 않을 정도가 된 것이다.

헐벗은 산이 다시 푸르러진 것은 다행이지만 하늘을 향해 치솟은 나무들을 볼 때면 측은한 마음이 든다. 가지를 마음껏 뻗기는커녕 숨 쉴 여유조차 없는 공간에서 나무들은 생존을 위해 치열한 경쟁을 벌인다. 부족한 햇볕을 조금이라도 더 받기 위해 그저 위로만 치솟듯 자라는 것이다.

하지만 생존만을 위해 경쟁하는 숲은 죽어 간다. 햇볕이 바닥까지 닿지 않으니 온기가 부족해 어린 생명이 싹을 틔울 재간이 없다. 어린 나무와 풀꽃, 그들과 함께하는 작은 곤충들이 살아갈 공간이 생기지 않는 것이다. 겉으론 완벽해 보일지 몰라도 그런 숲은 결국 희망이 없는 불임의 땅과 다르지 않다.

숲이 새 생명을 품을 수 있는 희망의 땅으로 거듭나려면 틈이 필요하다. 나무가 수명을 다하거나 예기치 않은 재해로 쓰러지면 그 자리에 빈 공간이 생긴다. 그러면 거기에 따뜻한 햇볕이 들고, 햇볕을 받은 땅에는 지난 가을에 떨어진 낙엽이 뒤섞이면서 새 생명을 품을 수 있는 양분이 축적된다. 그래서 숲의 틈은 끝과 시작이 공존하는 공간이자 결핍이 희망으로 탈바꿈하는 공간이기도 하다.

지난봄 집 근처 북한산을 오르다 꽤 깊은 산중에서 어린 아까시나무를 발견한 적이 있다. 큰키나무들이 자리한 산 중턱에서 아까시나무가 싹을 틔울 수 있었던 것은 큰 나무들 사이에 틈이 있었기 때문이다. 기껏해야 서너 평 남짓 되는 숲의 틈. 그곳은 주변을 둘러싼 큰 나무들 덕에 계절의 변화에 구애받지 않고 일정한 습도와 온도를 유지한다. 비바람이 몰아쳐도 주변 나무들이 방패막 역할을 해 주기 때문에 마치 온실 안처럼 어린 생명들이 안전하게 자라날 수 있다. 숲에 틈이 있음으로 해서 어린 나무, 새로운 희망이 자라는 것이다.

새 생명이 자라기 위해 숲에 빈틈이 필요하듯 우리 인생도 틈이 있어야만 한숨을 돌리고 다음 걸음을 내디딜 힘을 얻을 수 있다. 나 또한 완벽주의를 내려놓고 나니 비로소 마음의 여유를 찾을 수 있었다. 만일 내가 모든 나무를 완벽하게 고치겠다는 마음을 버리지 못했더라면 나무 몇 그루쯤 더 살릴 수 있었을지 몰라도 지금까지 일을 계속하지는 못했을 것이다. 그때는 정말이지 일이 하나도 즐겁지 않았다. 실수한 것만 떠오르고, 전부 마음에 들지 않고, 스트레스만 가득했기 때문이다. 그리고 내 욕심을 채우기에 급급해 나무를 위한 최선의 결정을 내리지도 못했을 것이다.

내 곁에 사람들이 모여든 것도 그 즈음부터였던 것 같다. 모든 나무를 완벽하게 살려야 한다는 강박에서 벗어나니 사람들을 대하는 마음에도 여유가 생겼다. 간혹 나무를 장식품 대하듯 대하는 사람들을 만나도 일단 한 걸음 물러서서 그들이 하는 말을 먼저 듣는다. 마음을 비우고 나니까 상대의 입장에서 한 번 더 생각해 볼 여유가 생겼고 덕분에 좋은 사람도 많이 만났다. 완벽한 사람보다는 어딘가 틈이 있는 사람에게 마음을 열기가 쉽다는 것도 그제야 알게 되었다.

가끔 아내와 차를 마시면서 농담 삼아 이런 말을 하곤 한다. 내가 평생 당신과 살면서 가장 잘한 일이 늘 5퍼센트 부족하게 돈을 벌어다 준 거라고. 부족한 살림을 꾸리느라 힘들었던 아내에게는 가슴 한 켠에 미안한 마음이 있지만 그래도 그 말이 농담만은 아니다. 만일 내가 일할 때나 사람을 만날 때 완벽을 추구했다면 삶이 지금보다 훨씬 빡빡했을 것 같다. 5퍼센트라는 부족한 틈이 있었기에 우리 부부는 지금 가진 것에 진심으로 감사할 줄 알았고, 능력 이상으로 내달리면서 현재를 소진해 버리는 어리석음을 피할 수 있었다. 결과적으로 보자면 5퍼센트의 작은 결핍으로 인해 오히려 삶이 충만해진 셈이다.

숲에 빈틈이 있어야 어린 생명이 자란다.
겉으로 완벽해 보이는 것들이
실상 결코 오래가지 못하는 이치와 같다.

그래서 나는 젊은 친구들을 만날 때마다 앞만 보고 내달리지 말고, 무엇이든 채워야 한다는 강박에서 벗어나라고 말하곤 한다. 완벽해지라고, 앞으로 빨리 내달려 가라고 부추기는 세상에서 잘 살아가려면 오히려 잘 비우는 법부터 배워야 한다. 완벽을 목표로 삼고 부족한 것을 모두 채우려고 무리하는 순간부터 찾아드는 건 불안과 초조뿐이다. 오래된 숲의 틈이 말해 주지 않는가. 비움으로써 더 좋은 것을 채울 수 있는 법이다.

살다 보면 어떻게든 버텨야 하는 순간들이 찾아온다

몇 해 전 환경운동을 한다는 한 젊은이가 나무 공부를 하고 싶다며 나를 찾아왔다. 환경에 대한 관심은 많지만 나무에 대한 지식은 초등학생 수준이라는 말에, 그를 데리고 가까운 산을 찾았다. 누군가를 처음 사귈 때 이름부터 익히듯 나무들의 이름을 하나씩 가르쳐 주며 산을 오르고 있는데 갑자기 등 뒤에서 그가 나를 불러 세웠다.

"선생님, 이 나무는 처음 보는데 이름이 뭐죠?"

어떤 나무인가 했더니 그가 가리킨 나무는 불과 몇 십 분 전에 충분히 설명을 해 준 터였다.

"조금 전에 직접 사진까지 찍은 주엽나무잖아요. 그새 잊어버린 거예요?"

내 말을 들은 그는 연신 고개를 갸웃거리더니 아까 본 나무와 모양이 다르다며 휴대전화로 찍은 사진을 내게 보여 주었다. 그제야 나는 그가 왜 두 나무가 달라 보인다고 했는지를 알아차릴 수 있었다. 휴대전화 속 주엽나무의 줄기에는 가시가 없었는데 지금 보고 있는 주엽나무는 온몸을 가시로 휘감고 있었다.

"둘 다 주엽나무 맞아요. 가시가 이렇게 무성해진 건 사람들한테 많이 시달려서 그런 겁니다. 제 딴에는 어떻게든 살아 보려고 가시를 만들어 낸 거지요."

나무를 좀 안다는 사람들은 주엽나무 하면 줄기 전체를 덮고 있는 가시부터 떠올린다. 원래부터 모양새가 그런가 보다 하겠지만 무성한 가시들은 사람들이나 초식동물로부터 위협을 느꼈기 때문에 생겨 난 것이다. 날카로운 가시들이 가지를 치듯 사방으로 뻗어 있는데, 이는 끊임없이 닥치는 외부의 위협으로부터 스스로를 지키기 위해 마련한 일종의 자구책이다.

흥미로운 사실은 환경에 따라 가시의 밀도가 천차만별이라는 점이다. 인적이 드문 곳에서 크게 자란 주엽나무는 가시가 거의 없다. 외부로부터의 위협이 거의 없다 보니 가시를 키울 이유가 없는 것이다. 하지만 근처에 오가는 사람이 많아지면 한두 해 사이 몰라볼 만큼 굵고 날카로운 가시들이 돋아난다. 주변의 변화에 어찌나 민감한지 누가 자신의 몸에 직접 손을 대지 않고 서성대기만 해도 어느새 날카로운 가시로 무장을 한다. 그러다가 사람들의 손길이 멀어지면 무성했던 가시는 언제 그랬냐는 듯 수그러든다.

내 설명을 들은 그는 무척이나 신기해하며 연방 사진을 찍어댔지만 온몸을 날카로운 가시들로 뒤덮고 있는 주엽나무를 마주한 나는 왠지 숙연한 마음이 들었다. 줄기를 뚫고 나온 날카로운 가시 하나 하나가 어떤 위협에도 굴하지 않고 끝까지 버텨 낸 인고의 흔적처럼 느껴졌기 때문이다. 이런 나무가 어디 주엽나무뿐일까. 바람이 심한 산봉우리나 높은 산의 수목한계선에 살고 있는 나무들을 보면 긴 시간 생존을 위해 버텨 낸 흔적들에서 인고의 세월을 고스란히 느낄 수 있다. 그들은 매서운 바람과 눈 때문에 곧게 자라지 못하고 마치 곱사등처럼 굽은 자세로 하루하루를 참아 낸다.

이렇듯 생존을 위한 버팀은 한번 싹을 틔운 곳에서 평생을 살아야 하는 나무들의 공통된 숙명이다. 비바람이 몰아쳐도 피할 길이 없고, 사람을 비롯한 다른 생명체의 위협도 고스란히 감내해야 한다. 어떤 재난이 와도 도망칠 재간이 없기에 나무가 할 수 있는 일이란 자구책을 최대한 동원해 그 시간들을 버텨 내는 것뿐이다.

그러고 보면 나무의 삶은 결국 버팀 그 자체가 아닐까 싶다. 버틴다고 하면 사람들은 흔히 굴욕적으로 모든 걸 감내하는 모습을 떠올린다. 하지만 평생 나무를 지켜본 내 생각은 다르다. 나무에게 있어 버틴다는 것은 주어진 삶을 적극적으로 살아 내는 것이고, 어떤 시련에도 결코 자신의 삶을 포기하지 않는 것이다. 그리고 그런 버팀의 시간 끝에 나무는 온갖 생명을 품는 보금자리로 거듭난다. 그러니 가시투성이의 흉한 모습으로 변하면서까지 버틸 필요가 있느냐고 비아냥대는 것은 옳지 않다. 굴욕적인 겉모습까지 감내하며

날카로운 주엽나무의 가시는
그간 얼마나 많은 위협에 시달려 왔는지를 보여 준다.
한번 자리 잡은 곳에서 끝내 버텨야 하는
나무의 운명을 알려 주는 증표이기도 하다.

끝까지 버티는 건 아무나 할 수 있는 일이 아니므로 오히려 칭찬해 줘야 마땅하다.

돌이켜 보면 내게도 어떻게든 버텨야 하는 날들이 있었다. 30대 시절의 나는 가진 것 하나 없는 사람이었다. 학력도 짧았고 안정적인 일자리가 있는 것도 아니었다. 그럼에도 나는 나무를 돌보는 일을 포기하지 않았다. 그런 나를 두고 비웃는 이도 있었고, 벌이도 시원찮은 일을 자청한다며 바보 취급하는 이도 있었다.

가장 힘들었던 건 사람의 이기심 때문에 멀쩡한 나무들이 죽어가는 것을 속수무책으로 지켜봐야 하는 순간들이었다. 가게 간판을 가린다며 멀쩡한 가지를 톱으로 잘라 내는 이도 있었고, 주차 공간이 부족하다는 이유로 나무껍질을 벗겨 일부러 죽이는 이도 있었다. 그처럼 나무를 생명으로 보지 않고 한낱 장식품 정도로 취급하며 걸리적거린다 싶으면 냉큼 베어 버리는 사람들을 마주할 때마다 일에 대한 회의가 들곤 했다. 나 한 사람 애쓴다고 무엇이 달라질까 싶어 나무 의사 노릇을 포기하고 싶은 마음이 들기도 했다. 그때 내가 할 수 있는 일이란 내 힘으로 살릴 수 있는 나무들을 돌보며 하루하루를 버텨 내는 것뿐이었다. 물론 그것 또한 집안 형편이 어려운데도 알뜰하게 살아 준 아내와 전국 방방곡곡 일하러 다니느라 집을 자주 비웠는데도 건강하게 자라 준 딸아이가 있었기에 가능했다.

그런데 신기하게도 버티는 시간들이 차곡차곡 쌓이자 어느 순간 나를 찾는 사람이 많아졌다. 나무를 함부로 대해서는 안 된다는 내 생각에 지지를 보내는 사람들도 생겼다. 덕분에 나는 내가 하는 일이 더 나은 세상을 만드는 데 미약하게나마 도움이 되고 있다는 생각과 함께 일하는 보람을 느끼게 되었다. 나무 의사로서 많은 사람에게 나무와 공존하는 생태적인 삶을 전할 수 있게도 되었다. 만약 버티지 않고 나무 의사의 길을 놓아 버렸더라면 좀 더 안정적이고 쉬운 삶을 살 수 있었을지는 몰라도 일에 대한 긍지와 내 길을 스스로 만들어 가는 데서 오는 충족감은 결코 얻지 못했을 것이다.

정호승 시인은 견딤이 쓰임을 결정한다고 했다. 그러고 보면 사람이나 나무나 삶을 제대로 살아 내는 과정에는 오로지 버텨 내야 하는 순간이 있는 듯하다. 나는 오늘도 어떻게든 버티고 있는 사람들이 지치지 않았으면 좋겠다. 건투를 빈다.

숲속을 걸으며 깨달은
인생의 진실

옛사람들은 흔히 아홉수를 조심하라고 했다. 가득 찬 뒤에는 반드시 새로운 변화가 따라오게 마련이니 아홉수에 이르면 새롭게 맞을 다음 10년을 경건한 마음으로 준비하라는 당부의 뜻일 게다. 마흔아홉 때의 일이다. 40대의 마지막을 어떻게 마무리해야 50대를 잘 맞이할 수 있을지 고민하다가 문득 이런 생각을 하게 되었다.

'50대 이후 쉽게 할 수 없는 일을 해 보자.'

그런 마음으로 계획한 것이 '일자一字 여행'이었다. 말 그대로 중간에 되돌아오거나 우회하지 않고 오직 앞으로 직진하는 여행이었다. 마치 한번 떠나면 되돌아올 수 없는 우리네 인생처럼 말이다.

일단 떠나겠다고 마음먹은 나는 그 길로 큰 지도를 사다가 방바닥에 펼쳐 놓고는 경기도 양평에서 강원도 고성까지 자를 대고 죽 그었다. 지도 위에 표시된 선은 도로를 횡단하고 산과 들을 가로질

러서 그어졌다. 이제 이 선을 두 발로 지워 나가야 한다. 전장에 나서는 군인처럼 생필품을 잔뜩 짊어진 채 집을 나서는데 집사람이 한마디했다.

"가다가 힘들면 고집 피우지 말고 돌아오세요."

출발일은 4월 17일. 산벚나무가 꽃망울을 틔울 무렵이었다. 꽃이 피는 속도에 맞춰 북으로 계속 걷는다면 여행 내내 산벚나무 꽃을 볼 수 있을 거라는 생각에 일부러 첫 꽃이 피는 날을 출발일로 잡았다.

하지만 늘 그렇듯 상상은 우리를 배신한다. 걷는 내내 꽃이 피는 모습을 보리라 기대하며 시작한 내 일자 여행은 첫날부터 예상과 전혀 다른 방향으로 전개됐다. 걷는 것만큼은 누구보다 잘한다고 자신했지만, 기실 내 몸은 자동차에 실려 다닌 적이 훨씬 많았고 몸속에 흐르는 피 역시 매연만큼이나 탁해져 있었다. 게다가 지도에도 없는 군부대와 철조망에 둘러싸인 사유지, 건너기엔 부담스러운 개천까지 온갖 장애물들이 내 앞을 가로막았다. 하는 수 없이 일정 구간을 국도로 걸어 보자고 마음먹었는데 막상 걷다 보니 그조차 쉽지 않았다. 4월이라곤 해도 한낮의 아스팔트는 뜨거웠고, 가로수들은 아직 잎을 달지 않아 잠시 쉬어 갈 그늘조차 없었다. 무엇보다 큰 문제는 어깨를 짓누르는 배낭의 무게였다. 이불 보따리만 한 배낭을 들쳐 메고 가려니 경사가 가파른 곳에선 걸음이 느려졌고, 더딘 걸음만큼 마음은 조급해졌다.

그렇게 호된 신고식을 치른 첫날 밤, 텐트에 누워 하루를 정리해 봤다. 두 다리를 움직여 열심히 걸었지만 충실히 걷는 데서 오는 기쁨은 전혀 느낄 수 없었다. 그저 작은 야산 하나를 힘겹게 넘었다는 것뿐 기억에 남는 것도 없었다. 발바닥이 땅에 닿을 때 차오르는 평화, 그 뒤에 이어지는 충족감, 걷는 데만 집중함으로써 얻게 되는 나 자신과의 만남…. 지구상의 생명체 중 오직 인간에게만 주어진 축복이 걷기라는데 하루 동안 걸은 뒤 느껴지는 것은 원인 모를 상실감뿐이었다. 그 순간 힘들면 돌아오라던 아내의 말이 갑자기 떠올랐다.

새벽에 길을 나설 때까지만 해도 한 귀로 흘려 버린 말이 그 순간 떠올랐다는 건 그만큼 몸도 마음도 지쳤다는 얘기였다. 몸이 힘든 건 말할 것도 없거니와 마음 역시 여행을 포기해 버리고 싶을 만큼 깊이 가라앉아 있었다. 나아갈 마음만 있으면 지친 몸을 다독이며 걸을 수 있을 것을, 도무지 떠날 때의 마음이 들지 않았다. 이유가 뭘까?

그때 마침 텐트 옆에 내던져 둔 배낭이 눈에 들어왔다. 아침만 해도 대수롭지 않게 보였던 짐이 한겨울에 덮는 무거운 솜이불 같았다. '내가 오늘 하루 종일 저 큰 짐을 메고 걸었다는 말인가? 대체 저 안에 무엇을 저렇게나 많이 넣은 걸까?' 분명 내가 챙긴 짐인데 가방 안에 넣은 것들이 기억나지 않았다.

다음 날 아침 나는 배낭 안의 짐들을 모두 꺼낸 다음 한눈에 볼 수 있도록 일렬로 나열했다. 가지런히 놓인 물건들은 어림잡아도 족히 5미터는 넘을 듯했다. 꼭 필요하다고 생각되는 것들만 추렸는데도 말이다. 그런데 한 걸음 떨어져서 보니 그것들은 말 그대로 '짐'일 뿐이었다.

결국 나는 그 자리에서 다시 물건들을 추리기 시작했다. 제일 먼저 골라 낸 것은 텐트였다. 단지 내 몸 하나 눕힐 용도인데 깔개부터 침낭까지 텐트에 딸린 식구가 너무 많았다. 그다음 눈에 들어온 것은 아내가 챙겨 준 온갖 먹거리들이었다. 배를 불릴 수는 있겠지만 몸이 무거우면 당연히 걷는 것도 힘들게 마련이다. 갈아입을 요량으로 챙긴 옷가지들은 또 어떤가. 대충 빨아 배낭 위에 걸쳐 두면 금세 마를 테니 내의와 양말 한 켤레면 족하다. 거기에 습관적으로 집어넣은 카메라와 책, 노트 등등…. 두 다리로 그저 걷는 여행일 뿐인데 대체 이 많은 것들이 무슨 소용이란 말인가. 하나하나 물건들을 덜어 내고 나니 짐이 3분의 1로 줄었다. 그길로 나는 급히 친구를 불러 솎아 낸 짐들을 모두 들려 보냈다. 떠나기 직전까지 하나라도 더 챙겨 보내려던 아내에게는 비밀로 하고 말이다.

그렇게 짐을 정리하고 나니 몸도 마음도 날아갈 것 같았고 과감히 산속으로 들어갈 마음이 생겼다. 배낭이 가벼우니 아무리 가파른 산길이라 해도 걷지 못할 이유가 없었다. 그 순간 필요한 것은 등고선이 표시되어 있는 지도와 나침반뿐이었다. 짐의 무게 때문에 자꾸만 땅으로 향하던 고개를 들고 보니 어제는 까맣게 잊고 있었던 산벚나무 꽃망울들이 눈에 들어왔다. 나무 한 그루, 풀 한 포기와 눈을 맞추기 시작한 것도 그때부터였다.

잠자리 걱정도 들지 않았다. 막상 텐트를 버리고 나니 잠잘 수 있는 곳은 지천에 널려 있었다. 밤이슬을 피할 수 있는 바위 밑도 좋았고, 넓게 가지를 뻗은 나무 밑도 좋았다. 우의를 바닥에 깔고 방한복 하나만 걸치면 어디든 아늑했다. 걷다가 비를 만난 날에는 그냥 걸음을 멈추고 잠시 눈을 붙였다가 비가 그치면 다시 걸었다. 오늘 안에 어디까지 가야 한다는 강박도 어느새 사라졌다.

풀내를 잔뜩 머금은 밤의 숲이 햇볕과 새소리로 화려한 낮의 숲보다 오히려 안온하다는 걸 그때 처음 알았다. 그리고 깨달았다. 꼭 필요하다고 생각해 챙겨 온 물건들이 도움이 되기는커녕 오히려 마음의 평정을 깨뜨렸다는 것을. 짐은 곧 두려움이었다.

그렇게 가벼운 몸과 마음으로 걷다 보니 걷는 것이 마치 인생 같다는 생각이 들었다. 지나친 욕심으로 무겁게 배낭을 메고서는 절대 멀리 가지 못하는 것처럼, 인생도 집착과 욕심을 내려놓지 않고는 진정 원하는 곳에 이를 수 없다는 단순한 진리였다. 마음을 낮추고 가진 것을 내려놓을 때 인생길이든 여행길이든 비로소 가볍게 걸을 수 있다는 걸 왜 진작에 몰랐을까.

짐과 함께 마음도 비워 낸 뒤 소풍 가듯 걸었던 내 일자 여행은 더 이상 전진할 수 없는 휴전선 앞에서 끝이 났다. 휴전선 너머 북으로 올라가는 산벚나무 꽃들에게 아쉬운 이별을 고하고 돌아서면서 문득 생각했다. 생각을 비우고 집착을 걷어 낸다면 쉰이 넘어도 얼마든지 즐겁게 걸을 수 있겠다는.

그래서 나는 지금도 시시때때로 걷는다. 다만 가다가 쉬기도 하고, 어느 때는 한 곳에 멈춰 하루를 보내기도 한다. 두 발에 족쇄가 될 짐은 저만치 내려놓은 채 가볍게 걷다 보면 삶의 온갖 문제들로 무거웠던 마음도 조금은 가벼워진다. 그래, 그거면 충분하다.

나무 키우기와
아이 기르기의 공통점

몇 해 전 일이다. 한참 고사 직전의 나무를 진단하고 있는데 딸에게서 전화가 왔다. 오랜만에 오붓하게 집에서 저녁식사를 하자는 것이었다. 회사 일로 바쁜 데다가 결혼하고 얼굴 보기가 더 힘들어진 딸의 제안에 나는 얼른 일을 마치고 기분 좋게 집으로 향했다. 어느덧 어른이 된 딸아이와 이런저런 얘기를 나누는데 불쑥 딸이 말했다.

"아빠, 나 회사 그만두려고요."

짐짓 아무렇지 않게 "어, 그래?" 하며 무심히 대꾸했지만 속으로는 깜짝 놀랐다. 넉넉하지 않은 형편인지라 대학 4년, 대학원 2년, 합해서 꼬박 6년을 아르바이트까지 병행해 가며 힘들게 공부해서 얻은 직장이었다. 무엇보다 딸은 자기 일을 정말 좋아했다. 경기도 북쪽 끝에서 서울 강남까지 출퇴근하며 힘들었을 텐데 한 번도 결근이나 지각을 한 적이 없었다. 무척이나 즐겁게 일하는 모습을 곁에서 지켜보는 내가 더 기분이 좋을 정도였다. 그런데 왜 그만두려는 걸까?

"제가 하는 일이 과연 사람들을 행복하게 할까, 라는 의문이 들어서요."

딸의 직업은 IT 관련 일이었다. 처음엔 자신이 참여한 신기술 개발 프로젝트가 인간의 생활을 편리하게 한다는 자부심이 들었지만 시간이 갈수록 생각하지 않는 사람을 만드는 건 아닌지 회의가 들었단다. 아빠처럼 생명을 살리는 일을 하지는 못할지언정 사람의 사고력을 떨어트리게 하는 일은 더 이상 하고 싶지 않다고 했다.

그날 밤 나는 도통 잠을 이룰 수가 없었다. 평생을 산과 들로 나무를 찾아다니느라 살뜰히 보살펴 주지 못해 늘 미안한 마음이 있는 아이였다. 그래도 아빠라고 내가 세운 원칙은 하나, 무슨 일이든 딸이 스스로 결정하고 스스로 책임지게 했다. 어른이 되어 온전히 제 힘으로 살아가는 독립적인 사람이 되었으면 좋겠다는 생각에서였다. 자식의 인생을 끝까지 책임지지 못할 바에야 넘치는 보살핌보다는 적당한 거리 두기가 낫다는 생각도 있었다. 하지만 아이 입에서 막상 10년 이상 매달려 온 일을 그만두겠다는 말이 나오자 마음속이 복잡해졌다. 때마침 머리를 스치는 장면이 있었다.

딸의 대학교 졸업식 날. 당시 나는 딸에게 학비까지 벌어 가며 힘들게 공부했으니 졸업 기념으로 작은 선물이라도 해 주겠다고 했다. 하지만 딸은 고개를 저으며 말했다.

"제가 저녁 사 드릴게요. 두 분 아니었으면 저 혼자 이렇게 해내지 못했을 거예요."

그러면서 하는 말. 어릴 땐 공부하라는 소리를 한 번 안 하는 아빠의 무심함이 내심 서운했는데 그게 오히려 자신한테는 도움이 됐단다. 부모님이 자신을 방치(?)한 덕분에 스스로 잘하지 않으면 큰일 나겠구나 싶어 열심히 살게 되었다나.

졸업 선물은 자신이 아니라 아빠가 받아야 한다며 미리 예약해 둔 레스토랑으로 앞장서는 딸을 보며 보살피지 않음으로써 보살핀다는 내 판단이 틀리지 않았음에 감사했다. 그리고 졸업장을 들고 밝게 웃던 딸의 얼굴을 떠올리니 괜한 걱정을 했다는 생각이 들었다. 그래, 다른 길을 찾겠다는 딸을 기꺼이 응원해 주는 게 내 몫이리라.

강연에서 젊은 부모들을 만날 때마다 항상 하는 말이 있다. 아이 기르는 일이 나무 키우는 것과 다르지 않다는 것이다.

중국 당나라 시절 나무를 잘 기르기로 정평이 난 곽탁타라는 사람이 있었다. 그의 이름은 곱사병을 앓아 허리가 굽은 모습이 낙타를 닮았다고 하여 붙여진 것이었다. 그런데 어떤 나무든 그가 심으면 백발백중 잘 크다 보니 그 비결을 묻는 사람들이 생겨 났다.

"저는 나무의 성장을 방해하지 않을 뿐 나무를 오래 살게 하거나 열매를 많이 맺게 할 능력은 없습니다. 다만 아는 건 나무의 본성이 잘 발현되어야 한다는 것입니다. 무릇 나무의 본성이란 뿌리는 넓게 펼쳐지길 원하고 흙은 평평하기를 원합니다. 일단 그렇게 심고 난 뒤에는 건드리지 말고, 걱정하지도 말며, 다시 돌아보지 않아야 합니다. 그 뒤는 버린 듯해야 한다는 말입니다."

그는 자신을 찾은 이들에게 이런 말도 덧붙였다.

"사람들은 사랑이 지나치고 근심이 심해 아침에 와서 나무를 보고 저녁에 또 와서 만져 보는가 하면, 뿌리까지 흔들어 흙이 잘 다져졌는지 확인합니다. 그런데 그러는 사이 나무는 자신의 본성을 잃고 맙니다."

곽탁타의 이야기를 처음 접한 건 신혼 때였다. 천 년 전의 선인들은 대체 나무의 생리를 어떻게 깨우쳤을까 신기해하던 차에 아내가 임신을 했다. 그때 마음먹었더랬다. 아이를 기를 때 꼭 나무 대하듯 하자고.

신기한 것은 나무가 제 자식 키우는 법도 그와 비슷하다는 것이다. 그들의 육아 원칙은 하나, '최대한 멀리 떼어 놓기'다. 자신의 그늘 밑에선 절대로 자식들이 큰 나무로 자랄 수 없다는 사실을 아는 까닭이다. 보호라는 미명 하에 곁에 두면 결국 어린 나무는 부모의 그늘에 가려 충분한 햇빛을 보지 못해 죽고 만다.

그래서 나무는 다양한 방법을 통해 자식을 되도록 멀리 보내려 한다. 한 예로 햇볕을 좋아하는 소나무는 씨앗이 최대한 멀리 갈 수 있도록 가지 제일 높은 곳에 열매를 맺고는, 바람이 세게 부는 날 미련 없이 씨앗을 날려 보낸다. 다만 어미 나무는 싹이 제대로 틀 때까지 필요한 최소한의 양식을 챙겨 줄 뿐이다. 그러니까 씨앗을 감싸고 있는 배젖은 먼 길 떠나는 씨앗에게 어미 나무가 챙겨 주는 처음이자 마지막 도시락인 셈이다. 그렇게 멀리 떠난 어린 씨앗은 싹을 틔우는 순간부터 오직 제 힘으로 자란 덕에, 죽을 때까지 저만의 삶을 씩씩하게 꾸려 간다.

회사를 과감히 그만둔 딸은 지금 하고 싶은 일들을 하나씩 해 나가고 있다. 회사 다닐 때보다 얼굴 표정부터가 훨씬 밝아 보인다. 섣부른 격려의 말을 하느니 그저 모르는 척해 주는 것이 낫다는 판단이 적중한 셈이다.

요즘 들어 나는 딸과 통화하는 일이 잦다. 그동안 구상한 사업이 식물 관련 일이다 보니 나한테 자주 조언을 구하는 것이다. 우리는 함께 책을 찾아보기도 하고 더 좋은 의미를 찾기 위해 머리를 맞대고 아이디어를 모으기도 한다. 아마도 각자 걷던 길이 잠시 교차하는 순간이 아닐까 싶다. 하지만 이 시간이 지나면 나는 또 나의 삶을, 딸은 자신만의 인생을 꾸려 갈 것이다. 나는 벌써부터 기대가 된다. 일찌감치 홀로 서서 씩씩하게 살아가는 딸이 또 어떤 새로운 길을 개척해 갈지 궁금하기 때문이다.

내가 아버지의 장례를 세 번 치른 이유

장사葬事. 죽은 사람을 땅에 묻거나 화장하는 일을 말한다. 철부지 10대 시절부터 나이 쉰이 될 때까지 나는 세 번에 걸쳐 아버지의 장사를 치렀다. 50여 년 전 죽음을 목전에 둔 아버지는 고향 땅에 선산을 두고도 경기도 포천의 야산 공동묘지에 묻어 달라는 유언을 남기셨다. 어려운 형편에 선산까지 가기엔 무리라고 생각하신 건지 처자식도 모르게 다섯 평도 안 되는 장지를 마련해 두고 돌아가셨다.

그 후 5년 동안 나는 아버지의 묘를 찾지 못했다. 방랑의 시간과 군대 3년. 제대 후 정신을 차리고 성묫길에 나섰지만 그새 주변에 고만고만한 묘들이 들어차서 어떤 게 아버지의 묘인지 분간이 가지 않았다. 관리 사무소의 도움을 받아 겨우 찾았지만 봉분은 허물어지고 풀이 산을 이룬 상태였다. 하루 종일 손으로 풀을 뜯고 잔디를 밟아 대충 정리를 하고 나니 해가 뉘엿뉘엿해졌다. 그로부터 몇 년

후 불현듯 사촌 형님이 나를 찾아오셔서 말씀하셨다.

"이제 육탈도 다 되었을 테니 선산으로 모시자."

아버지뻘 되는 형님은 부친상을 당했을 때 어린 나를 대신해 모든 장례 절차를 도맡아 준 분이다. 아버지를 대신한 어른이니 믿고 따르는 것이 당연하다고 생각했다. 그래서 여름내 탐스럽게 익은 밤톨들이 땅에 떨어지고 고개를 숙인 벼 위에 잠자리가 내려앉은 초가을, 사촌 형님과 함께 삽을 들고 아버지의 묘 앞에 섰다. 관 뚜껑을 여니 육신은 사라지고 흰 뼈가 곤히 잠들어 있었다. 형님은 뼛조각을 하나씩 집어 창호지로 조심스럽게 쌌다. 그렇게 아버지의 유골은 상자에 담겨 선산으로 옮겨졌다.

그 다음부터는 매년 성묘를 다녔다. 그 뒤 걸어서 다니던 마을길은 포장도로가 되어 산에까지 차가 오를 수 있게 되었다. 길은 편해졌지만 묘지가 늘어 어느새 산은 원형탈모라도 걸린 것처럼 여기저기 흉하게 깎여 나갔다. 납골당까지 만든다고 석물이 들어서기 시작할 무렵, 이번에는 내 의지로 파묘를 결정했다. 아지랑이가 피던 이른 봄 창호지와 새끼 두 타래, 살구나무 묘목을 들고 선산을 찾았다. 그렇게 나는 아버지의 뼈를 다시 마주했다. 넙적다리 뼈를 집어 내 넓적다리에 대보니 나보다 길었다. 아버지는 그 긴 다리로 어린 나를 업고 달동네 꼭대기에 있는 집까지 성큼성큼 오르곤 하셨다. 따뜻했던 아버지의 등을 떠올리며 나는 뼈를 창호지에 고이 싸서 새끼타래에 넣고 불을 붙였다. 그렇게 아버지의 마지막 흔적을 내 손으로 태웠고, 한참을 타오른 뒤에 남은 한 줌 재는 다시 땅 속에 묻었다. 그리고 그 위에 살구나무를 심었다. 세상의 모든 생명체가 그러하듯 아버지는 마침내 흙으로 돌아가 어린 살구나무의 자양분이 되었다.

굳이 이름을 붙이자면 마지막 장례는 몇 년 전부터 주목을 받고 있는 수목장이다. 아버지를 자연으로 완전히 돌려보낸 후 한참 뒤인 2004년 9월, 고려대 김장수 교수가 자신의 유언대로 나무 밑에 묻히면서 우리나라에도 수목장이 널리 알려졌다. 그의 제자인 변우혁 교수는 자신의 저서 《수목장》에서 이렇게 말한다.

"수목장은 환경적인 부담을 최소화하는 친환경적인 장례법이다. 고인의 시신을 화장하고 분골하기 때문에 매장에서 필요로 하는 공간이 따로 필요 없고, 분골이 나무 밑에 묻히거나 뿌려져 나무에 흡수되는 과정을 통하여 자연스럽게 자연으로 회귀하는 자연 철학을 배경으로 한다."

변우혁 교수의 말처럼 수목장은 억지로 산을 깎아 내리거나 납골을 보관하는 석조 건물을 만들 필요가 없기 때문에 환경을 훼손하지 않고 후대에 깨끗한 자연을 물려줄 수 있다. 장마철에 폭우가 쏟아져도 무덤이 떠내려갈 걱정도 없다. 수목장의 매개체가 되는 나무는 자연 속에서 무럭무럭 자라 아름다운 생태 경관을 만들어 줄 것이다. 이대로만 된다면 산 자와 죽은 자 모두를 위한 최선의 장례다. 하지만 그 어떤 선한 일이라도 인간의 사심이 개입되면 본래의

취지를 벗어나게 마련.

몇 해 전 친구가 전화를 해서는 "산에 있는 나무가 쓰러졌는데 세울 수 있냐"고 물었다. 돌아가신 장인이 살아생전 나무를 좋아해 수목장을 치렀는데 폭우에 나무가 쓰러졌다는 것이다. 현장을 확인해 보니 묘가 있는 곳은 사설 수목장림이었다. 20~30년쯤 된 어린 숲이었고, 경사가 10도 이상인 곳도 있었다. 어린 숲은 키 경쟁을 하느라 나무들의 뿌리가 부실하게 마련이다. 그런 데다가 수목장림을 조성하느라 무리하게 간벌을 해서 서로 의지하던 동료들이 사라지니 나무는 제 힘으로 바로 서지 못하고 쓰러진 것이었다.

원칙적으로 수목장림은 경사가 가파른 산자락이 아닌 완만한 곳에 조성돼야 하고, 간벌을 일찍 해 나무 사이를 충분히 떼어 놓아야 한다. 그래야만 나무들이 서로 경쟁하지 않고 마음 편히 뿌리를 뻗을 수 있다. 또한 나무 사이에 생긴 공간에 볕이 들고 풀꽃이 자라면 갑자기 비가 와도 땅이 파이지 않아 나무가 바로 설 수 있다. 하지만 국토의 65퍼센트가 산인 우리나라는 완만한 숲을 찾기가 쉽지 않다. 게다가 화강암으로 이루어진 산이 많아 척박하고 건조기에는 산불도 잘 난다.

이제 막 걸음마를 뗀 우리나라의 수목장은 산 사람들의 욕심 때문에 죽은 사람도 나무도 모두 안녕하지 못하다. 얼마 전 수목장을 명목으로 산을 억지로 깎아 잔디를 깔고 비싼 나무를 옮겨다 놓고는 몇 천만 원에 분양한다는 소식을 들었다. 나무의 생장 조건도 알아보지 않고 무조건 비싼 나무를 심는 경우도 있다. 남 보기에 비싸고 멋진 나무로 수목장을 치른들 나무가 잘 자라지 못하면 무슨 소용이란 말인가. 부질없는 사람들의 욕심으로 죽음도 편치 못하다.

나무는 죽음을 통해 이전의 모습을 완전히 벗어 버린다. 신체 기증 서약이라도 한 듯 나무의 주검은 수많은 생명의 양분이 된다. 생명이 다함과 동시에 곤충들이 솜씨 좋게 나무를 해부하기 시작하고 곰팡이균들은 해부된 목질을 잠식해 간다. 죽은 나무는 이 모든 일을 받아들일 준비가 되어 있다. 자신의 몸을 내주는 데 한 치 미련이 없으며, 기꺼이 수많은 생명의 먹잇감이 된다. 그래서 나무의 죽음은 뫼비우스의 띠처럼 순환의 시간과 맞닿아 있다. 결국 죽음으로 삶의 정점을 이루는 것이다.

수목장으로 장인을 떠나보내고 고초를 치른 친구를 떠올리다 문득 스웨덴의 수목장이 생각났다. 화장률이 70퍼센트가 넘는 스웨덴은 집단 산골 장소로 '회상의 숲'을 운영하고 있다. 산골이란 고인의 분골을 산이나 강, 바다, 연고지 등에 뿌리거나 묻는 것을 말한다. 그런데 회상의 숲에서는 산골 장소를 별도로 표시하지 않는 것은 물론 개인이 꽃이나 나무를 심는 것도 금지하고 있다. 유족이 특정 장소 혹은 식물을 망자의 마지막 흔적으로 여겨 그에 집착하는 것을 막기 위함이다.

삶이 유한하다는 것을 모르는 사람은 없다. 인간은 영원히 살 수

태백산 봄 풍경.
나무는 죽어서 곤충이나 들꽃같은 작은 생명들에게
더없이 소중한 밑거름이 되어 준다.

도 없고, 그래서도 안 된다. 전 세계적으로 생을 마치는 사람이 하루 30만 명. 사흘만 죽음이 멈춰도 지구의 인구는 백만 명이 늘어난다. 몇 달 뒤면 식량난으로 대혼란이 일어날 것이다. 그럼에도 불구하고 죽음을 자연스럽게 받아들이기란 결코 쉬운 일이 아니다. 언제 죽음이 찾아올지 모르니까 평소 죽음에 대해 생각해 두어야 한다지만 막상 대부분의 사람들은 죽음이 내 일이 아니겠거니 하며 잊고 산다. 그처럼 아무런 준비 없이 죽음을 맞이하다 보니 죽어 가는 사람도, 남겨질 사람도 그 앞에서 우왕좌왕하며 삶을 잘 마무리할 기회를 잃어버린다.

더 이상 죽음을 준비할 기회를 놓치지 말자. 어떻게 죽고 싶은지, 투병 생활을 한다면 그것을 연장할지 말지, 장례식은 어떻게 치를지, 죽음 이후 시신은 어떻게 할지 등등 그 계획을 미리 세우고 그것을 가족들에게 말해 두는 것이다. 그처럼 죽음을 능동적으로 받아들이면 남은 생 또한 후회 없이 살게 되지 않을까.

터럭 하나 남기지 않고 흙으로 돌아가 또 다른 생명을 살리는 나무를 보며 하루하루 가까워지고 있는 내 죽음의 모습을 생각해 본다. 아무것도 남지 않은, 그래서 미련 없이 시간의 흐름에 나를 맡길 수 있는 온전한 비움이기를 바라 본다. 그런데 왜 하필이면 수목장으로 살구나무를 심었느냐고 물어보는 사람들이 더러 있다. 그럴 때마다 나는 벌초를 하러 온 후손들에게 나누어 줄 아버지의 선물이라고 말한다.

Chapter 2

나무는 내일을 걱정하느라 오늘을 망치지 않는다

I learned life from trees.
The essential life
lessons from trees,
the oldest and wisest
philosophers in the World.

어떻게 살 것인가

직업 특성상 사람들과 어울릴 일이 많지 않고 남 앞에 나서는 것도 좋아하지 않지만 나무에 대한 강의를 하면서부터는 꽤 많은 사람을 만났다. 덕분에 사람들과 소통하는 즐거움을 알게 되었고, 저마다 사연을 품은 채 열심히 살아가는 사람들에게서 배우는 것도 적지 않다.

10여 년 전 숲 해설가 교육을 위해 현장 학습을 나갔을 때의 일이다. 산행 중에 방송국 카메라가 따라붙기에 무슨 촬영인지 물었더니 산에 살면서 암을 극복한 사람들을 취재하는 중이라고 했다. 교육생 중에 말기 암 환자가 있었던 것이다.

암 투병 중인 교육생은 다른 사람보다 질문도 많이 하고 모든 수업 과정에 적극적이었다. 백발이 성성한데도 불구하고 어찌나 궁금한 게 많은지 두 눈은 아이처럼 빛나고 말에도 힘이 묻어났다. 교육이 끝난 뒤 조용히 물어보았다.

"몸도 많이 힘드실 텐데 어떻게 이 교육을 듣게 되셨어요?"

그가 말기 암 판정을 받은 건 벌써 5년 전이었다. 몇 차례 수술과 항암 치료를 거듭하며 몸도 마음도 만신창이가 되었는데 어느 날 문득 죽기 전에 산에서 한번 살아 보고 싶다는 생각이 들더란다. 작심을 하고 산으로 들어간 지 수개월. 하지만 죽을 날만 기다리며 누워 지내는 것도 하루 이틀이지, 평생 도시에 머물다 산에서 살려니 하루하루가 너무 지겨웠다. 죽을 때 죽더라도 이렇게 무의미하게 지낼 수는 없다는 생각에 풀과 나무를 공부하기로 마음먹었다. 처음엔 마당에 자라는 풀꽃들과 떨기나무 이름을 알아 가는 정도였는데 차츰 반경을 넓히다 보니 어느덧 집 주변의 웬만한 풀과 나무는 훤히 꿰뚫게 되었고, 내친김에 더 많은 것을 알고 싶어 교육을 신청했다는 것이다.

"사실 죽을 자리를 찾아 산에 갔었어요. 그런데 공부를 하다 보니 활력이 생겨 내가 환자라는 사실도 잊게 되더군요. 나무들을 보려면 좀 멀리까지 나가야 하니 밥도 잘 챙겨 먹게 되고요. 요새는 주말마다 손주들에게 풀과 나무 이름을 가르쳐 주고 있는데 아이들도 무척 즐거워합니다. 숲 해설가가 되어 손주 친구들까지 불러다 모두 함께 공부하는 게 제 마지막 꿈입니다."

그의 손에 들린 노트에는 그간 스스로 터득해 온 생태 지식들이 빼곡히 채워져 있었다. 그렇게 기록한 노트가 벌써 열 권이 넘는다고 했다. 젊은이 못지않은 학구열을 불태우며 신나게 숲을 누비는 그를 보면서 깨달았다. 사람을 살게 하는 건 결국 마음 안에 간직한 삶의 의미라는 것을. 아픈 사람들이 마지막 희망으로 산이나 숲을 찾지만 자연에 머문다고 저절로 병이 낫는 것은 아니다. 지금 당장 쓰러질 만큼 힘이 들더라도 그것을 이겨 낼 이유, 즉 삶의 목표가 분명할 때 비로소 몸과 마음이 치유될 수 있다. 시한부 판정을 받은 그가 건강한 모습으로 교육에 참석할 수 있었던 것도 숲 해설가가 되어 아이들과 함께하고 싶다는 꿈이 있었기 때문이다. 아무런 의지 없이 죽을 날만 기다리며 가만히 누워 있었다면 결코 지금의 그는 없었을 것이다.

그런 의미에서 보면 나무가 사람보다 훨씬 현명한 것 같다. 당연한 이야기지만 나무는 싹을 틔운 순간부터 위로 자란다. 줄기와 가지의 구별이 분명하지 않은 떨기나무를 제외하고 모든 나무는 죽는 순간까지 해를 바라보며 오직 하늘을 향해 뻗어 나간다. 이때 중추적인 역할을 하는 것이 바로 우듬지다. 우듬지란 나무의 맨 꼭대기에 위치한 줄기를 말하는데, 곧게 자라는 침엽수의 경우 하늘을 향해 수직으로 자라면서 아래 가지들이 제멋대로 자라는 것을 통제한다. 우듬지 끝이 한 마디쯤 자라고 나서야 아래 가지도 뒤따라서 한 마디 자라는 식이다. 하늘을 향해 곧추선 우듬지를 보면 우듬지의 끝눈이 아래 가지들에게 하는 말이 들리는 듯하다.

"답답하겠지만 조금만 참아. 내가 위로 좀 더 자라야만 우리 모두 건강하게 성장할 수 있어."

이렇듯 우듬지가 구심점 노릇을 해 주어서 나무는 자라는 동안 일정한 수형을 유지할 수 있다. 특히 전나무나 메타세쿼이아 같은 침엽수들이 원추형으로 길고 곧게 자랄 수 있는 것은 줄기 꼭대기의 우듬지가 아래 가지들을 강한 힘으로 통솔하기 때문이다. 사람의 인생에 비유하자면 꿈이나 희망이랄까. 나무의 우듬지가 아래 가지들을 다스려 가면서 하늘을 향해 뻗어 가듯, 사람은 꿈이나 희망 등 살아갈 이유가 있어야만 삶의 크고 작은 문제들을 이겨 내며 앞으로 나아갈 수 있다.

비단 아픈 사람들에게만 국한된 이야기가 아니다. 살아갈 이유, 삶을 이끌어 줄 방향타는 누구에게나 필요하다. 아무리 화려하고 풍족한 인생이라도 삶의 구심점이 없으면 무력감과 공허함에 시달릴 수밖에 없다. 삶이 무의미하고 재미없게 여겨진다면 그것은 정말 하고 싶고 이루고 싶은 무언가가 없기 때문이다. 그럴 땐 포기하고 싶은 마음을 달래 주고 앞으로 나아가게 만드는 등대가 필요하다. 나무에게 그 어떤 경우에도 한눈팔지 않고 하늘을 향해 씩씩하게 뻗어 가는 우듬지가 있듯 말이다. 그래서 나는 강의를 할 때 가끔 사람들에게 묻는다.

"당신의 우듬지는 무엇입니까?"

어떤 이에게는 그것이 사랑하는 가족일 수도 있고, 못내 이루지 못한 어릴 적 꿈일 수도 있다. 무엇이든 살아갈 이유가 있으면 어려움을 딛고 일어설 용기가 생긴다. 누구에게나 똑같이 주어지는 시간이지만 내 안의 우듬지가 얼마나 선명한가에 따라 당장 오늘 하루가, 10년 뒤의 내 모습이 달라진다. 하지만 지금 당장 우듬지가 없다고 초조해할 필요는 없다. 없으면 찾으면 되고 만들면 된다. 그러니 시련이나 고통 앞에 주저앉기 전에 한 번만 생각해 보자. 나의 우듬지가 무엇인지 말이다.

주목나무에게서 잘 내려오는 법을 배우다

오래된 은행나무가 많이 아프다며 진단 의뢰가 들어왔다. 나무 관리를 담당하고 있는 공무원의 말을 들어 보니 치료해 온 지 벌써 5년이 넘었는데도 회복은커녕 상태가 더 나빠졌다는 것이다. 진단 끝에 나는 살려 보겠다고 말하고 치료에 들어갔다. 그런데 막상 현장 업무를 시작하려니 함께 간 담당 공무원으로부터 불편한 시선이 느껴졌다. 무슨 문제라도 있느냐고 물으니 조심스레 말했다.

"먼 곳에서 여기까지 다니시려면 힘드실 텐데 직접 하시게요? 지금부터는 다른 사람을 보내셔도 될 텐데요."

그제야 알아챘다. 그에게 불편한 것은 다름 아닌 내 나이였다. 실무 담당자들은 대부분 젊은데 그들 입장에서는 나를 마주하는 게 불편했을 것이다. 더욱이 주름진 손으로 땅을 파고 물을 주는 내 모습을 등 뒤에서 그저 지켜만 보기가 거북했을 것이다. 생각 끝에 나는 현장에 나갈 때 직원들을 데리고 갔다. 편하게 이야기를 주고받을 일종의 소통 창구를 만든 것이다.

아마도 그때부터였던 것 같다. 나무를 치료할 일이 생기면 나는 진단하고 치료 계획을 세울 때만 참여하고 현장 업무는 젊은 친구들에게 넘기기 시작했다. 꼭 필요한 경우에만 나가면서 치료 진행 상황은 사진을 통해 보고 받고, 대신 기술 지원에 집중한 것이다. 물론 이전에도 손쉬운 치료는 종종 맡겨 왔지만 보호수 치료까지 그들에게 위임하기로 마음먹은 건 그때가 처음이었다.

사실 걱정이 컸다. 나무를 돌본다는 건 비단 지식만 갖고 되는 일이 아니기 때문이다. 기본적인 나무의 습성을 알아야 하는 것은 물론 진심 어린 관심이 있어야만 병의 원인을 정확히 찾아 제대로 치료할 수 있다. 경험이 부족한 사람을 나 대신 보냈다가 행여 나무의 상태가 악화하면 어떻게 할 것인가.

하지만 그것이 쓸데없는 걱정이라는 걸 깨닫는 데는 그리 오랜 시간이 걸리지 않았다. 아픈 나무를 대할 때 치료에 앞서 원인 파악을 더 중요하게 여기는 내 치료 원칙을 어느새 보고 배웠는지, 나를 대신해 파견된 직원들은 함부로 나무에 손을 대지 않았다. 손쉽게 치료할 수 있는 나무를 두고도 신중을 기했고, 나에게 수시로 자문을 구했다. 그럼에도 확신이 서지 않을 때는 한 번만 와서 봐 달라고 요청하기도 했다. 물론 때로는 서로 의견이 다르기도 했지만 그것이 어떻게든 나무를 살려 보려는 열정에서 비롯된 진심임을 알기에 오히려 뿌듯했다. 앞으로는 그들의 진심 어린 손길에 의해 이 땅의 아픈 나무들이 다시 생명을 되찾을 테니 말이다.

오래된 나무는 대부분 속이 비어 있다. 대표적인 예가 태백산 산자락에 살고 있는 주목나무들이다. 살아서 천 년, 죽어서 천 년을 간다는 주목나무는 세월이 흐를수록 속을 비워 몸 안의 빈 공간을 넓혀 간다. 한겨울 세찬 바람이 불 때 태백산에 오르면 주목나무에서 오래된 퉁소 소리처럼 깊은 울림을 들을 수 있다. 속이 비어 있어야만 들을 수 있는, 영겁의 세월이 만들어 낸 소리다.

모든 생명체가 그렇듯 나무 역시 나이가 들면 면역력이 떨어지고, 상처에 대한 재생력도 줄어든다. 비바람에 가지가 부러지거나 병충해로 수피가 다치면 상처 부위에 물이 흘러들어 조금씩 썩게 된다. 그로 인해 나무의 무게를 견고히 받치고 있는 중심부는 조금씩 부식되고, 중심 목질부가 사라진 자리에는 빈 공간만 남는다. 그렇다고 하루아침에 나무가 쓰러지는 것은 아니다. 수백 년을 지탱해 온 뿌리의 힘으로 굳건히 버티면서 나무는 상처가 남긴 빈 공간에 작은 들짐승과 곤충들을 품는다. 나무의 텅 빈 속이 한겨울 매서운 비바람에 지친 동물들의 은신처로 변모하는 것이다. 살아서 몸을 보시布施한다고 할까. 노자도 말하지 않았던가. "그릇이 비어 있어야 쓸모가 있듯, 비어 있음으로 유용하다"고.

작년 겨울 나는 태백산에 올라 오랜 세월을 품고 바람에 맞춰 깊

오랜 세월이 흐른 끝에 비어 버린 주목나무 속 빈 공간은
작은 동물과 곤충들에게 더없이 소중한 보금자리다.

은 소리를 내는 주목나무들의 울림을 들었다. 뚫린 구멍들이 저마다 위치와 크기가 달라 울리는 소리도 제각각이었다. 나는 그 소리를 가만히 듣다가 이런 의문이 들었다. 주목나무는 나이 들었다는 이유로 사회에서 내쳐지고, 더 이상 쓸모가 없다는 소리를 들을까 봐 두려워 전전긍긍하는 사람들을 어떻게 생각할까? 나무의 빈 공간은 늙고 병든 나무들의 상처이지만 나무는 아픔을 이겨 내고 작은 생명들을 품기까지 한다.

누구나 어느 순간이 되면 하던 일을 넘겨주고 한발 물러서야 한다. 의사소통이 부드럽지 않은 것뿐 아니라 체력적인 한계가 찾아오고, 정신적으로도 각종 실무를 일일이 챙기기가 쉽지 않기 때문이다. 물론 그 모든 어려움을 이겨 내고 일도 잘해 낼 자신이 있다면 할 말이 없다. 다만 내 경우 나무 의사의 일은 후대에도 계속되어야 하고, 그러려면 젊은 친구들한테 일을 제대로 넘겨주는 것 또한 내 몫이라고 생각한다. 만약 은행나무를 치료하러 갔을 때 담당 공무원이 나를 어려워한다고 서운해하고, 볼멘소리를 했다면 어떻게 되었을까? 어느 순간 나는 고집 센 늙은이가 되어 젊은 공무원들이 기피하는 대상이 되지 않았을까. 또 젊은 친구들이 보호수를 치료해 볼 기회를 얻지 못했을 테고, 자연히 그들이 제대로 된 나무 의사 일을 하는 건 더 뒤로 미뤄졌을 테다.

가끔 나이는 숫자에 불과한데, 그 때문에 사회에서 밀려나 쓸모없는 노인 취급당하는 게 불만이라는 친구들을 만난다. 쓸모없는 존재가 된다는 것이 얼마나 슬프고 끔찍한 일인지 당해 보지 않으면 모른다. 하지만 그럴수록 나이 든 자에게 필요한 것은 세월이 만들어 낸 빈 공간에 작은 들짐승과 곤충들을 품어 내는 주목나무의 자세가 아닐까. 주목나무가 비어 있지 않았다면 한겨울 매서운 비바람에 작은 들짐승과 곤충들은 추위에 떨어야 했을 것이다. 그러니 물러나야 할 때 억지를 부리기보다 움켜쥐고 있는 것들을 잘 내려놓고, 그 빈자리를 드러내야 한다.

작년 여름 무더위를 피해 농장에서 쉬고 있는데 직원이 사진 한 장과 함께 반가운 문자 메시지를 보냈다.

'원장님, 은행나무가 이렇게 건강하게 잘 살아서 잎을 피웠어요. 너무 기뻐서 사진 보내 드립니다.'

사진을 보니 언제 아팠냐는 듯 되살아난 은행나무가 푸른 잎들을 싱싱하게 뽐내고 있었다. 당시 나는 그에게 당부했었다. 나무가 낫더라도 한동안 발길을 끊어선 안 된다고, 나무 한 그루를 돌본 땐 평생 가져갈 인연이라고 생각해야 한다고. 나무 관리를 일임받은 그는 내 말을 잘 새겨들은 것 같다. 특별한 일이 없는데도 오가며 예후를 살피다가 마침 내게 사진을 보내온 것을 보면 말이다. 아마도 그 친구는 은행나무와 맺은 인연을 평생토록 이어 가지 않을까. 주름진 내 손길을 대신해 진심으로 나무를 돌볼 젊은 나무 의사를 즐거운 마음으로 응원한다.

시작하려는 모든 이들은 씨앗처럼 용감해질 것

자작나무는 키가 크게 자라고 아래 가지가 일찍 떨어지기 때문에 자랄수록 밑이 허전하다. 내가 심은 자작나무도 그랬다. 강원도 농장에 자작나무 묘목을 심은 지 10년쯤 지나고 나니 나무 아래가 휑했다. 그래서 심은 것이 쪽동백나무와 때죽나무다.

사실 애초에는 두 나무를 한꺼번에 키울 생각이 아니었다. 강화 석모도에 있는 보문사에 들렀다가 인근 숲에 뭉텅이로 여기저기 떨어져 있는 쪽동백나무 씨앗을 우연히 발견했다. 그렇지 않아도 자작나무와 어울려 자랄 작은 나무를 찾던 차에 숲이 좋은 선물을 주는구나 싶어 감사한 마음으로 가져다 심었다. 그런데 웬걸, 싹이 나오는 걸 보니 내가 심은 건 쪽동백나무가 아니라 때죽나무였다. 한겨울에 씨앗을 주운지라 씨앗만 보고 어미 나무를 자세히 관찰하지 않은 탓이었다. 순간 당황했지만 이것도 인연이라는 생각이 들었다. 때죽나무의 경우 한 해에 나무 한 그루에서 떨어지는 씨앗은 수천 개에 이르지만 그중 마침내 싹을 틔워 성목으로 자라는 것은 손에 꼽을 정도로 적다. 그런데 우연히 내 눈에 띄어 무사히 싹을 틔웠으니 이게 어디 보통 인연인가.

나는 때죽나무를 한 식구로 받아들이기로 마음먹었다. 하지만 그렇다고 쪽동백나무를 포기할 수는 없는 일. 그래서 이듬해 여름에 인근의 쪽동백나무를 잘 보아 두었다가 그 씨앗을 가져다 심었다. 세상에 쓸모없는 피조물은 없다고, 다 자란 때죽나무의 치밀한 잎은 바람막이 역할을 톡톡히 해 주고 있고, 쪽동백나무 역시 넓은 잎 아래로 매해 하얀 꽃망울을 터뜨리며 나비와 꿀벌을 유혹한다. 봄비가 그친 숲에서 이들을 보면, 볼품없는 씨앗이 저렇게 멋지게 자란다는 사실에 경외감마저 든다.

이른 봄, 겨우내 얼어 있던 굳은 땅을 뚫고 세상에 나온 여린 싹은 씨앗이 긴 기다림 끝에 만들어 낸 기적이다. 늦여름 어미 나무에서 떨어진 작은 씨앗은 떨어진 순간부터 자신에게 맞는 토양을 찾기 위해 긴 여행을 떠난다. 운이 좋아 1년 만에 자리를 잡고 싹을 틔우기도 하지만, 적당한 환경과 조건을 만나지 못해 딱딱한 껍질 안에서 수십 년을 보내기도 한다. 바람에 날리거나 물에 떠내려가 싹을 틔울 만한 흙에 안착했다 해도 자신에게 꼭 맞는 온도와 수분, 적절한 빛의 배분 등 여러 조건이 맞을 때를 또 기다려야 한다. 그렇게 땅속의 깜깜한 어둠을 자궁 삼아 긴 인내의 시간을 보내고 '이제 됐다' 하는 결심이 서면 용기 있게 흙 밖으로 머리를 내민다. 다만 그 결심의 순간이 언제인지는 오직 씨앗 자신만이 안다. 그것은 씨앗 본연의 생리적 선택이자 삶의 방식이다. 우리가 여름에 흔히 먹는 체리는 아무 이상이 없는데도 백 년 이상 씨앗으로 남아 있기도 한다.

씨앗 안에는 오래도록 씨앗으로 존재하려는 현재 지향성과 껍질을 벗고 나무로 자라려는 미래의 용기가 동시에 존재한다. 그것은 좋은 환경이 올 때까지 기다리려는 힘과 언제든지 싹을 틔우려는 상반된 힘이 씨앗 안에서 갈등하고 타협한다는 증거다. 긴 기다림 끝에 싹을 틔우기도 하지만 대부분의 씨앗은 결국 나무가 되지 못하고 그냥 생을 마감한다. 한 예로 자작나무의 경우 아무리 좋은 환경에서도 씨앗에서 싹이 트는 발아율은 고작 10퍼센트 남짓이다. 두렵지만 용기를 내 껍질을 뚫고 나오는 씨앗만이 성목으로 자라나는 것이다.

그런 의미에서 보자면 싹을 틔우는 씨앗의 기적은 그저 맹목적인 기다림만으로 이루어지지 않는다. 용기 있게 하늘을 향해 첫발을 내딛지 못하면 기다림은 결국 아무런 결실을 맺지 못한다.

몇 해 전 강연을 하러 갔다가 대학원에 다니는 한 청년을 알게 되었다. 무슨 공부를 하느냐고 물었더니 공부에 큰 뜻이 있어 대학원에 진학한 것은 아니라고 했다. 사실 그는 작가 지망생이었다. 그래서 학교를 다니면서 이런저런 공모전에 몇 번 도전했는데 큰 성과가 없었단다. 그런데 졸업을 1년 앞두고 친구들이 하나둘씩 취직하는 걸 보고 있자니 자신만 제자리걸음인 것 같아 갑자기 초조해졌다고 했다. 이대로 있다가는 백수가 될 것 같아 학자금 대출을 받아 대학원에 진학했다는 것이다.

"백수가 되는 것보다는 학생 신분이라도 유지하는 게 나을 것 같아서요. 공모전에 자꾸 낙방하는 걸 보면 아직 실력이 부족한 것 같기도 하고요. 이렇게 대학원을 다니다 혹시 취업할 기회가 생기면 그때는 직장 생활을 하면서 글쓰기도 병행할까 해요."

과연 그의 생각대로 될까. 그의 말을 들으며 나는 나무를 돌보는 젊은 친구들을 떠올렸다. 그들 대부분이 처음엔 풀이나 나무 이름 하나 제대로 알지 못했다. 하지만 시작이 반이라고, 매일 내 뒤를 따르며 이것저것 물어보고 닥치는 대로 나무들을 접하면서 그들은 하루가 다르게 성장했다. 그렇게 몇 년쯤 지나니 웬만한 나무들은 그 상태가 어떤지를 단박에 알아맞힐 정도가 되었다. 나무 이론을 공부한다는 이유로 앉아서 책만 보거나, 아는 게 별로 없어 부끄럽다며 내 뒤를 따라나서지 않았더라면 결코 그만큼 성장할 수는 없었을 것이다.

요즘 취업이 하늘의 별 따기라고 한다. 죽기 살기로 취업 준비에 매달리는데도 보통 2~3년을 '취준생'으로 보낸다고 하니, 어디 보통 일인가. 그리고 어떤 회사든 직원을 뽑으면 월급을 주는 만큼 열심히 일해 주기를 바란다. 그런데 취업하기 전부터 일과 글쓰기를 병행하겠다고 마음먹은 사람에게 과연 취업의 기회가 올까? 게다가 공모전에 몇 번 떨어졌다고 도전마저 포기한 그에게 자신의 글을 알릴 기회가 오긴 할까? 나는 그 친구에게 이렇게 말해 주었다.

"기다리기만 한다고 저절로 때가 오지는 않아요. 가장 좋은 때는 결국 자기가 만들어 가는 겁니다. 무엇이든 일단 시작하는 게 중요하지 않을까요?"

보다 나은 내일을 꿈꾸며 끈기 있게 기다리는 자세는 물론 중요하다. 하지만 기다림 그 자체만으로 달라지는 것은 아무것도 없다. 작은 씨앗이 캄캄한 흙을 뚫고 세상 밖으로 머리를 내밀듯, 우선 내가 있는 자리에서 한 걸음 나아가려는 용기가 필요하지 않을까.

누구에게나 새로운 시작은 두렵고 떨리게 마련이다. 하지만 살아보니 틀린 길은 없었다. 시도한 일이 혹시 실패한다 해도 경험은 남아서 다른 일을 함에 있어 분명 도움이 된다. 그러므로 꿈을 이루기 위해 조금이라도 무언가를 해 볼 여지가 있다면, 씨앗이 껍질을 뚫고 세상으로 나오듯 새로운 세계로 나아가야 한다. 괴테도 말하지 않았던가. "새로운 일을 시작하는 용기 속에 당신의 천재성과 능력과 기적이 모두 숨어 있다"고. 세상에 존재하는 어떤 거목도 그 처음은 손톱보다도 작은 씨앗이었음을 잊지 말기를.

사람들이 나무를 심을 때 흔히 하는 실수

어느 해 초봄 오랫동안 알고 지낸 한 친구에게서 연락이 왔다. 평소 마당 넓은 집에서 꽃과 나무를 키우며 살고 싶다며 입버릇처럼 말하던 친구였는데, 드디어 그 꿈을 이루게 되었다고 했다. 은퇴 자금에 아파트를 처분한 돈을 보태 서울 근교에 집을 지었고 이제 곧 이사를 갈 계획이라고 했다.

“집도 다 지었고 이제 나무만 심으면 되는데 자네가 와서 한번 봐 줘. 묘목은 내가 이미 봐 둔 게 있어.”

며칠 뒤 찾아가 보니 친구의 말대로 집은 벌써 완공되었고 묘목을 심을 때 쓸 퇴비도 이미 준비되어 있었다. 친구는 나무 심을 자리를 표시한 설계도를 내게 보이며 말했다.

“값이 좀 나가더라도 소나무를 심을 생각이야. 한번 심으면 죽을 때까지 두고두고 볼 테니 얼마나 좋아.”

하지만 나무 심을 데를 확인한 나는 이내 고개를 저었다. 친구는 그늘진 벽 앞에 둘러치듯 소나무를 심을 계획을 세웠고, 그도 모자랐는지 거실 창문 바로 앞에도 소나무 자리를 마련해 두었다. 소나무만 심을 생각이냐고 묻자 친구가 하는 말.

"그렇지 않아도 아내가 다른 나무도 심자고 해서 마당 한가운데에는 단풍나무와 감나무를 심을 생각이야."

친구의 말을 듣고 나는 그만 실소를 터뜨렸다. 그 계획대로라면 소나무는 몇 해 안에 죽을 게 자명했고, 몇 안 되는 단풍나무와 감나무 역시 본연의 모습대로 자라지 못할 게 분명했기 때문이다. 나는 친구에게 말했다.

"사람들이 나무 심을 때 흔히 저지르는 실수가 뭔지 아나? 자기가 좋아하는 나무를 눈에 잘 보이는 데 심을 생각만 한다는 거야. 나무가 어딜 좋아할지는 전혀 생각 안 하고 말이지."

사람마다 타고난 기질이 있듯 나무도 태생적인 기질이 있다. 그것을 구별 짓는 건 빛과 물을 얼마나 필요로 하는가이며, 특히 빛은 제일 먼저 고려해야 할 부분이다.

나무는 아침 해가 뜰 무렵 광합성을 시작한다. 밤새 산소를 들이마시고 탄소를 내뿜던 나무는 광합성을 통해 스스로 산소를 만들어 쓰기 시작한다. 나무가 외부로부터 산소를 흡입하지 않고 스스로 산소를 만들어 자급자족하는 시점, 즉 가스가 들락거리지 않는 시점을 광보상점이라고 한다. 쉽게 말해 광보상점이란 식물이 살 수 있는 최소한의 빛의 양을 말한다. 광보상점이 낮으면 적은 햇볕으로도 광합성을 할 수 있다는 것이고, 반대로 광보상점이 높으면 햇볕이 충분해야 생존을 위한 광합성을 할 수 있다는 얘기다.

소나무는 광보상점이 높은 대표적인 나무로 그늘진 벽이나 높은 건물 곁에서 자랄 수 없다. 또한 가을이 돼도 낙엽을 떨구지 않고 잎을 달고 있기 때문에 창가에 심을 경우 가뜩이나 추운 겨울에 집 안까지 그늘을 드리우기 십상이다. 거실 창가에 잘못 자리 잡은 탓에 하루아침에 천덕꾸러기 신세가 된 소나무를 나는 꽤 많이 보아 왔다.

그렇다면 감나무는 어떨까? 소나무보다 광보상점이 낮기는 하지만 열매를 키워야 하기에 적지 않은 빛을 요구한다. 그래서 오후 빛이 충분한 창가에 심는다면 겨울에도 운치가 있을 것이다.

마지막으로 단풍나무는 감나무보다도 광보상점이 낮은 편이다. 적은 빛으로도 충분히 먹고 살 수 있단 얘기다. 이를 무시하고 아침부터 저녁까지 해가 내리쬐는 마당 한가운데에 단풍나무를 심는다면 갈증에 허덕여 말라 가는 모습을 보게 될 것이다.

나는 친구에게 나무 각각의 기질을 간단히 설명해 준 다음, 욕심을 버리고 나무가 좋아할 자리부터 고민해야 한다고 일렀다. 그늘진 벽 쪽에는 소나무를 줄지어 심는 대신 단풍나무를 심고, 소나무는 하루 종일 해가 충분히 드는 따뜻한 마당에 심으라는 말도 덧붙였다. 아내가 좋아한다는 감나무는 마당 한가운데가 아니라 창가에서 바라보이는 벽 귀퉁이에 심어, 겨울에 까치밥으로 남겨 놓은 감을 감상하면 좋겠다는 것으로 말을 마쳤다. 다행히 나무를 아끼는 마음이 있었던 친구는 내 조언대로 나무를 심었고, 몇 달 뒤 다시 그 집을 방문했을 땐 제자리에 심긴 나무들이 싱그러운 잎을 피우고 있었다.

적지적수適地適樹, 알맞은 땅에 알맞은 나무를 심는다는 뜻이다. 나무를 키울 때 가장 기본으로 알아야 할 원칙이라 할 수 있다. 하지만 사람들은 이렇게 단순한 원칙조차 종종 무시한다. 도심 한복판을 가로지르는 차도의 중앙 분리대에 심긴 나무들만 봐도 그렇다. 사시사철 푸르다는 이유로 중앙 분리대에 소나무를 심은 모습을 종종 보게 되는데, 소나무는 가을이 와도 낙엽을 떨구지 않는 까닭에 그곳에 자리 잡은 소나무는 이파리가 항상 꾀죄죄하다. 차도 한복판에서 자동차의 분진을 뒤집어써야 하니, 소나무 대신 매년 새 옷으로 갈아입는 낙엽수를 심으면 좋을 텐데 말이다. 타고난 기질을 무시한 채 그냥 가져다 심었기 때문에 소나무 입장에선 언제나 지저분한 잎을 그냥 달고 사는 수밖에 없고, 잎의 기공이 막혀 호흡조차 곤란한 실정이다. 도심 속에 사는 나무들은 대부분 이처럼 제 성질을 무시당한 채 평생을 살아간다. 주어진 환경에 어떻게든 적응하느라 본연의 모습을 잃어버리는 것이다.

나는 그런 나무들을 볼 때마다 타고난 품성이나 재능과 상관없이 천편일률적으로 자라고 있는 아이들이 생각난다. 나무처럼 아이들도 저마다 타고난 기질이 있다. 그런데 아이 대부분이 자기가 무엇을 갖고 태어났는지 모른 채 국화빵 찍어 내듯 같은 교육을 받고 같은 방식대로 자란다. 학교에서의 1등이 인생에서의 1등이 아닐진대 하나같이 성적에만 매달려 앞만 보고 달리는 것이다. 그렇게 해서 행복한 삶이 보장된다면 좋으련만 안타깝게도 현실은 그렇지 않다.

나무 강의를 하면서 우연히 알게 된 대학교수 부부는 자신들이 살아온 방식대로 아이에게 공부만 강요하다가 급기야 부모자식 간에 척을 지고 말았다. 대학에 입학할 때까지 부모 뜻을 따라 얌전히 공부하던 아이는 대학생이 된 지 1년도 안 돼 자퇴를 선언했다. 어떻게든 적응해 보려고 했지만 적성에 맞지 않는 공부를 평생 할 자신이 없다는 게 이유였다. 부모가 자기들 뜻대로 밀어붙이지 않고 타고난 기질을 잘 살펴 아이가 저만의 길을 찾도록 도와줬더라면, 아이가 뒤늦게 갈피를 못 잡고 방황하는 사태는 막을 수 있지 않았을까. 그래도 더 늦기 전에 아이가 제 적성을 진지하게 고민하기 시작했다는 것이 다행이라면 다행일 것이다. 어디 그 아이만의 문제이겠는가. 내 주변에는 중년의 나이에 이르러 과연 지금 하고 있는 일이 자신에게 맞는 것인지 모르겠다며 때 아닌 방황을 하는 사람들도 있다.

그래서 나는 광보상점 같은 나무의 기질에 대해 설명할 때 아이를 키우는 부모의 자세를 비유로 들곤 한다. 기질에 맞게 자리만 잘 잡아 주면 나무는 큰 보살핌 없이도 제가 알아서 잘 자란다. 아이 역시 타고난 적성에 맞춰 방향만 잘 잡아 주면 아기새가 둥지를 떠나 드넓은 하늘로 날아오르듯 자신의 인생을 알아서 잘 펼쳐 간다. 그런데 안타깝게도 내 아이가 무엇을 좋아하고 무엇을 싫어하는지 잘 모르는 부모가 의외로 많다. 나무에 관심이 많다면서도 나무에 대해 너무 몰랐던 내 친구처럼 말이다. 앞으로는 "내 아이는 내가 제일 잘 알지요"라고 말하기 전에 아이에게 "요즘은 뭐가 제일 재미있어?"라고 묻는 부모가 많아졌으면 좋겠다.

등산을 가도 산 정상에는 오르지 않는 이유

20년 전쯤의 일이다. 숲 생태에 관심이 많은 젊은이들과 어울려 산행을 시작했다. 나무 강의를 들은 수강생들이 자발적으로 스터디 모임을 만들었다가 내친김에 정기적으로 산에 함께 오르자고 의기투합한 것이다. 나는 산에 가장 많이 다녔다는 이유로 본의 아니게 모임을 이끌게 되었고, 한 달에 한두 번 행선지를 정해 같이 산행하기에 이르렀다. 그렇게 산에 오르기를 서너 번쯤 했을까. 그날도 새벽같이 만나 줄지어 산에 오르는데 뒤에서 쫓아오던 한 명이 다가와 대뜸 물었다.

"선생님, 오늘도 가다 말고 중간에서 내려오나요? 매번 정상 근처에도 못 가 보고 하산을 하는데 이럴 거면 굳이 멀리까지 산을 찾아갈 필요가 있나 해서요."

그 친구의 질문을 시작으로 여기저기서 볼멘소리가 터져 나왔다.

기껏 시간을 내 산에 왔는데 매번 도시락만 까 먹고 돌아가는 것 같다, 산에 오르는데 땀 한 방울 안 난다, 오르는 둥 마는 둥 하니 산에 오는 의미가 없다 등등 그동안 불만이 꽤 쌓인 모양이었다.

그런데 사실 나는 그들의 반응을 어느 정도 예상했다. 산깨나 다녔다는 친구도 여럿이고, 대부분 혈기왕성한 젊은이니 정상을 정복하는 건 고사하고 느릿느릿 산책하듯 걷는 산행에 왜 불만이 없겠는가.

그런데 나는 그동안 안 다녀 본 산이 없을 만큼 등산을 즐겼지만 작정하고 정상까지 오른 적은 얼마 되지 않는다. 이유는 단순하다. 정상까지 급하게 가야 할 까닭이 없어서다. 내게 있어 산은 기를 쓰고 오르는 곳이 아니라 오히려 멈춰 서서 머무르는 곳이었다. 뚱한 표정으로 답변을 기다리는 젊은 친구에게 되레 물었다.

"왜 산꼭대기에 가려고 하는 거죠? 정상에 가면 뭐가 좀 다르던가요?"

그는 뜻밖의 질문에 당황한 듯 선뜻 대답을 하지 못했다. 나는 다른 사람들을 둘러보며 말했다.

"오늘 산에 오르면서 뭘 봤는지 기억나는 대로 한번 말해 보세요. 지난번 산행에서 봤던 것 말고, 오늘 이 산에서만 봤던 것들이요."

작은 암자가 있었고, 바위틈을 흐르는 물줄기를 봤고, 나무줄기를 오르는 다람쥐를 봤고…. 여러 얘기가 나왔지만 오늘 이 산에서만 본 것을 말하는 사람은 아무도 없었다.

내가 선두에 서서 천천히 걸음을 옮긴 것은 정상에 갈 목적으로 급하게 산을 오르면 등산을 하면서 느낄 수 있는 많은 것을 모두 놓치기 때문이다. 하지만 그것은 어디까지나 내 개인의 생각일 뿐 산을 즐기는 방법은 사람마다 다르고, 각자의 목적이 있는 법이다. 그래서 나는 하산 시간만 정해 두고 정상에 오르고 싶은 사람들을 앞서 보냈다. 그러고는 남은 이들과 함께 다시 천천히 걸음을 옮겼다. 비유하자면 '완미玩味의 산행'이라고 할까.

밥 한술을 뜰 때 서둘러 삼키지 않고 천천히 꼭꼭 씹어 먹다 보면 쌀 특유의 단물과 함께 부드러운 식감이 돌면서 좋은 친구처럼 입 안에 안긴다. 그렇게 목으로 넘어간 밥은 내 몸과 하나가 돼 보약이 되는 완미의 경지에 이른다. 마찬가지로 산에 오를 때도 천천히 음미하듯 산속 모든 자연을 느껴 보라는 뜻에서 나는 완미의 산행이라는 말을 즐겨 쓴다.

바람 소리, 물소리조차 제대로 들어 본 적이 없던 젊은 친구들은 그제야 정상으로 향하던 시선을 거두고 주변의 사물들을 찬찬히 들여다보기 시작했다. 나무와 풀은 물론 새와 곤충, 바위에 이르기까지 관심을 두고 지켜보니 꽤나 신기한 모양이었다. 나는 산을 제대로 보는 게 처음인 그들을 위해 한두 마디 설명을 곁들였다. 흔히 보는 나뭇잎 한 장도 저마다 다른 잎맥이 있고, 잎맥이 마치 지도처럼 정교하게 그려져 있다고 말해 주니 여기저기서 탄성이 흘러나왔다.

"걸음을 늦추고 제대로 느끼려고만 들면 나무 한 그루에서 백 개

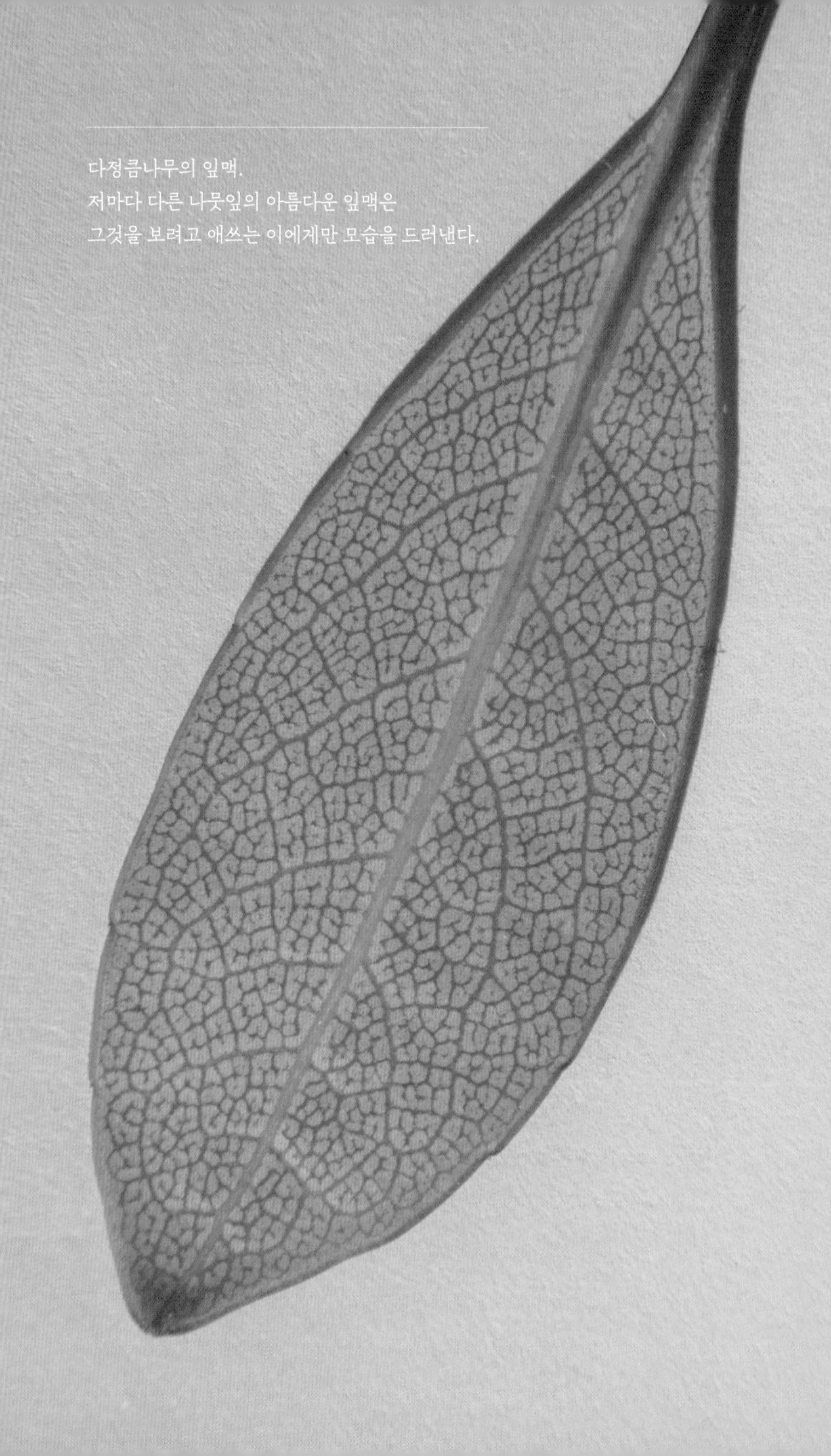

다정큼나무의 잎맥.
저마다 다른 나뭇잎의 아름다운 잎맥은
그것을 보려고 애쓰는 이에게만 모습을 드러낸다.

도 넘는 이야기를 찾을 수 있습니다. 밥을 천천히 씹어서 음미하는 것처럼 산도 천천히 씹어서 그 맛을 느껴 보세요."

그때부터 사람들은 오르는 데 급급한 산행이 아닌, 머물기 위한 산행을 시작했다. 그리고 몇 달 뒤 모임에 이름이 붙었다. 이른바 '초입 산악회'다. 산행 공지에 산 이름이 버젓이 있는데 매번 산 입구만 맴돌다 하산 아닌 하산을 하다 보니 붙은 이름이었다. 재미있는 것은 산악회라고 이름 붙이기도 민망할 만큼 게으른 산행을 했던 친구들이 지금은 숲 생태 전문가로 왕성하게 활동하고 있다는 사실이다. 지금도 가끔 함께 산에 오르는데 산악회 이름이 바뀌어 '중턱 산악회'라고 부른다. 명색이 산악회니 그래도 중턱까지는 가 보자는 다짐에서다. 하지만 결심은 산을 오르는 순간부터 여지없이 무너지고 만다. 똑같은 산이라도 계절마다 옷을 갈아입고 세월에 따라 모습을 달리하는데, 그 모습들을 하나하나 마음에 새기며 걷노라면 결코 속도를 낼 수 없기 때문이다. 구로야나기 테츠코의 소설 《창가의 토토》에 이런 구절이 나온다.

"어쩌면 세상에서 진실로 두려운 것은 눈이 있어도 아름다운 것을 볼 줄 모르고, 귀가 있어도 음악을 듣지 못하고, 마음이 있어도 참된 것을 이해하고 감동하지 못하며 가슴의 열정을 불사르지 못하는 사람이 아닐까."

어쩌면 산에 오르는 것은 인생을 사는 것과도 닮은 듯하다. 그저 정상에 오르려고 하면 세상에 있는 모든 산이 다 똑같아 보이지만 천천히 음미하듯 걸음을 떼면 빨리 걸을 땐 미처 보지 못한 아름다운 것들이 눈에 들어온다. 나뭇가지를 비추는 햇살이 시간에 따라 조금씩 기울며 다른 모양의 그림자를 만들어 낸다는 것도 걸음을 늦추지 않으면 결코 알 수 없는 아름다움이다.

누군가를 알아 간다는 것도 비슷하지 않을까. 자세히 오랫동안 보아야만 비로소 알 수 있는 것들이 있다. 특히 상대방이 가진 고유의 아름다움은 자세히 보지 않으면 결코 알 수 없다. 그래서 나는 존 모피트의 시처럼 어떤 것을 알고자 한다면 오랫동안 바라보아야 한다고 생각한다.

어떤 것을 알고자 한다면
정말로 그것을 알려고 한다면,
오랫동안 바라보아야 한다.
초록을 보면서
"이 숲에서 봄을 보았다"라고 말하는 것은
충분하지 않다.
네가 바라보는 그것이 되어야 한다.
양치식물 잎사귀의 까실한 솜털과
꼬불거리는 검은 줄기가 되어야 하고,
잎사귀들 사이의 작은 고요 속으로
들어갈 수 있어야 한다.

시간을 충분히 들여서

그 잎사귀들에서 흘러나오는

평화로움을 만질 수 있어야 한다.

지금까지 정상에 오르는 데만 급급했다면 다음번엔 최대한 속도를 늦추고 머물다 오는 게으른 산행을 해 보면 어떨까? 풀잎에 앉은 이슬 한 방울 안에도 온 우주가 숨어 있다는 진실을 어렴풋하게나마 엿볼 수만 있다면, 앞으로 내달리기만 하는 우리의 퍽퍽한 삶에도 또 다른 윤기가 흐르지 않을까 싶다. 잠시 속도를 줄이고 숨을 고르면서 그동안 놓치고 살았던 소중한 것들을 되돌아보는 것도 괜찮지 않을까.

죽기 전에 꼭 한 번
던져 보아야 할 질문

강연을 통해 친분을 쌓은 친구 하나가 있다. 환경운동을 하는 시민 단체에서 만나 20년 넘게 교류해 오다가 갑자기 연락이 끊겨 궁금하던 차에 어느 날 그에게서 전화가 왔다. 반가운 마음에 곧장 만나 근황을 물어보니 몇 년간 미얀마에서 나무 심는 일을 했다는 것이다. 한국과 미얀마를 오가며 바쁘게 살다 보니 연락할 정신이 없었다나. 궁금한 게 많아 이것저것 질문을 던지려는데 그가 먼저 내게 물었다.

"자네 혹시 미얀마에 우리나라 경상도만 한 사막이 있는 걸 아나? 처음에 그 말을 믿기 힘들었는데 실제로 가서 보니까 거친 사막이 끝도 없이 펼쳐져 있더라고."

미얀마라면 사시사철 비가 오는 열대우림 지역이다. 연 강수량이 2500밀리미터가 넘는 고온다습한 곳에 어떻게 사막이 생긴 걸까?

친구의 얘기인즉슨, 그곳에 사는 현지인들이 먹고살기가 하도 각박해서 밀림 한가운데를 벌목하고는 거기에 구황작물인 옥수수를 가져다 심었단다. 덕분에 주민들의 먹거리와 생계 수단은 해결되었지만 얼마 지나지 않아 문제가 생겼다. 나무가 사라진 탓에 그곳 온도만 올라가는 기이한 일이 벌어진 것이다. 거대한 옥수수밭 위로 뜨거운 공기층이 돔처럼 막을 이루었고, 바다로부터 오는 비구름이 그곳만 점프하듯 건너뛰는 바람에 옥수수는커녕 그 어떤 작물도 자라지 못할 만큼 황폐해졌다. 눈앞의 생존에만 급급한 결정이 밀림 가운데에 마치 원형탈모증처럼 휑한 구멍을 만들어 버린 것이다. 환경단체에서 오랫동안 일해 온 그는 사막화되어 가는 땅을 되살리는 일에 자원했다고 했다.

"끊긴 빗길을 다시 이어 주기 위해 나무를 심는 중이야. 무더기로 베어 낸 나무가 수천만 그루나 되니 회복이 더디긴 해도, 사막으로 변해 버린 숲이 조금씩 예전 모습을 되찾아 가는 걸 보고 있으면 그저 감사할 따름이야. 결국 사람들이 죽인 나무들로부터 다시 도움을 받는 셈이지."

황폐해진 땅에 줄지어 심은 나무들이 마치 빨대처럼 인근의 비구름을 끌어모은다는 것이었다. 틈틈이 했던 나무 공부가 큰 도움이 되었다는 친구의 말을 들으며 나는 얼마 전에 갔던 월정사의 전나무 숲을 떠올렸다. 안개가 자욱하게 낀 이른 아침 월정사 일주문을 시작으로 길게 펼쳐진 전나무 숲길을 걷고 있는데 뒤따라오던 교육생 중 하나가 외쳤다.

"선생님, 나무에서 비가 오는 것 같아요. 월정사 전나무 숲이 세속의 때를 씻겨 내려 준다던데, 정말 나무 밑을 지날 때마다 후드득 물이 떨어지네요. 옷이 다 젖을 정도예요."

교육생이 말한 것은 수우樹雨, 즉 나무가 뿌리는 비다. 공기 중의 구름 알갱이나 작은 이슬이 나뭇가지나 잎에 달라붙어 있다가 큰 물방울이 되어 떨어지는 것을 말하는데 침엽수가 자라는 고산에서 종종 볼 수 있다. 남아프리카공화국 케이프타운의 테이블 마운틴에서는 여름철에 내리는 수우가 보통 우량의 세 배나 되어 크고 작은 동식물들의 중요한 수원이 되기도 한다. 나는 잠시 산행을 멈추고 수우의 원리를 설명하면서 이런 말을 덧붙였다.

"나무는 그저 서 있는 것만으로 비를 내립니다. 존재 자체만으로 자기가 속한 세상을 더 좋게 만드는 거지요."

《아낌없이 주는 나무》라는 유명한 동화 때문인지 나무는 모든 것을 내주기만 하는 존재로 알려져 있지만, 사실 나무가 하는 모든 행위는 자신을 위한 것이다. 미얀마의 사막에서 비구름을 불러 모으는 나무도, 산 중턱에서 비를 내리는 침엽수도 실은 자신의 생존에 필요한 수분을 얻기 위해 그 자리에서 최선을 다할 뿐이다. 하지만 매 순간 치열하게 살아온 흔적이 나무 자신뿐 아니라 다른 모든 것들을 이롭게 한다. 주어진 자리가 아무리 척박하더라도 최선을 다해 꿋꿋하게 살아간 결과가 나무 자신을 살리고, 다른 모든 생명에게 도움을 주는 것이다.

나 살자고 하는 짓이 남에게까지 도움이 되기가 어디 쉬운가. 오히려 자칫 잘못하면 남에게는 해를 입히기 십상이다. 그래서일까. 생각해 보면 이 세상에 나무를 싫어하는 사람은 없다. 존재 자체만으로 편안함과 행복감을 주는 사람이 있듯, 세상 모든 나무가 꼭 그렇다. 그저 있는 것만으로도 만물의 삶을 풍요롭게 보듬어 주는 존재가 바로 나무다. 하지만 나는 어떤가. 나는 나 살자고 남의 어려움을 모른 체한 적은 없었을까.

짧은 한국 일정을 마치고 다시 미얀마로 돌아간다는 그는 미얀마 사막에서 자라고 있는 나무 사진 한 장을 내게 건넸다. 사진 속 나무는 그 장소가 사막이라는 사실이 믿기지 않을 만큼 푸른 잎을 자랑하고 있었다. 거친 모래바람과 싸우며 뿌리를 내리느라 몸통은 물론 가지도 이리저리 뒤틀렸지만 본연의 녹색 옷을 입고 하늘을 향해 자라는 모습은 더할 나위 없이 싱그러웠다.

그 뒤로 나는 한 가지 버릇이 생겼다. 산을 오르다가 꼭 한 번씩 뒤를 돌아보는 것이다. 내가 걸어온 길을 돌아보며 그곳을 스친 내 흔적을 살핀다. 혹시라도 숨을 쉬기 위해 땅 밖으로 고개를 내민 나무뿌리를 밟지는 않았는지, 시야를 확보하려 무심코 뻗은 내 손길이 어린 가지를 내치지는 않았는지 확인한다. 또 숲 바닥에 떨어진 열매를 보면 손가락 한 마디 깊이로 꾹 눌러 준다. 이듬해 무사히 싹이 트길 혼잣말로 기원하며 말이다.

삶도 그러해야 하지 않을까 싶다. 우리가 가는 모든 길은 어떻게든 흔적을 남기게 마련이다. 이왕 남길 흔적, 이 세상을 조금이라도 나아지게 만들고, 나와 함께해서 좋았다는 사람이 한 명이라도 늘어나면 얼마나 보람될까. 그래서 나는 나무처럼 사는 것이 삶의 목표다. 그러한 제목으로 책을 낸 후 후회도 많이 했다. 어디 나무처럼 산다는 것이 가당한 일인가. 그래도 나는 그러고 싶다. 꼭 나무처럼만 살았으면 원이 없겠다.

자연의 이치에 맞게 살아간다는 것

돌이켜 보면 결혼한 후에 아내와 나는 크게 다퉈 본 일이 없다. 아내도 나도 평소 말이 적을뿐더러 각자의 영역을 서로 존중해 주기 때문인 듯하다. 특히 아내는 한평생 나무를 찾아 전국을 떠도는 나를 불평불만 없이 그저 지켜봐 주었다. 하지만 그런 아내가 두 팔 걷어붙이고 따지고 드는 일이 하나 있다. 말 없는 아내를 한순간에 잔소리꾼으로 바꿔 버린 건 다름 아닌 우리 농장에 있는 자작나무다.

젊은 시절 나는 아내와 의기투합해 강원도 화천에 땅을 마련한 뒤 가장 먼저 자작나무를 들여왔다. 그때만 해도 구하기도 어려운 자작나무 묘목 3000주를 며칠에 걸쳐 심는 동안 얼마나 설렜는지 모른다.

하지만 설렘도 잠시, 심은 지 얼마 지나지 않아 문제가 생겼다. 땅 면적에 비해 나무들을 너무 빽빽하게 심은 것이다. 30년이 지난 지금 농장에 있는 자작나무는 300그루가 채 되지 않는다. 나머지 2700그루는 어쩔 수 없이 내 손으로 직접 솎아 냈다. 나무들이 영구적으로 자랄 수 있는 공간을 확보하기 위해 나무들 중 일부를 간벌한 것이다. 맨 처음 묘목에 손을 대던 날 나는 아내로부터 온갖 핀잔을 들어야만 했다.

"이럴 거면 처음부터 그냥 300그루만 심든지. 그렇게 많이 심어 놓고 솎아 내다니 당신에게 나무를 자를 권리가 있어요?"

속상한 아내의 마음을 모르지 않았기에 아무 항변 없이 듣고만 있었지만 그것은 어쩔 수 없는 선택이었다.

어린나무가 성목으로 크려면 필연적으로 저희끼리 경쟁하는 과정을 거쳐야 한다. 밀도가 높은 곳에서 경쟁해야만 초기 생육이 일어나기 때문이다. 그래서 나는 처음부터 작정하고 자작나무 묘목을 촘촘히 심었다. 내 생각대로 나무들은 누가 먼저랄 것도 없이 하늘을 향해 쑥쑥 줄기를 올렸고, 얼마 지나지 않아 훌쩍 자라났다.

내가 처음 나무에 손을 댄 건 바로 그때였다. 수십 배로 몸집을 키운 나무들이 좁아서 살 수가 없다고 아우성치기 시작했다. 나무가 햇볕을 충분히 받을 만큼 공간을 확보하려면 어쩔 수 없는 희생이 따라야 했다. 그런 이유로 몇 년에 걸쳐 간벌을 강행했고, 처음에는 1미터였던 나무 사이의 간격이 지금은 7미터로 벌어져 있다. 어림잡아 계산해도 일곱 그루 중 여섯 그루가 사라졌단 얘기다.

만일 아내의 말처럼 처음부터 7미터 간격으로 묘목을 심었더라면 어땠을까? 단언컨대 풀과 덩굴에 치여 몇십 그루도 살아남기 힘들었을 것이다. 몇 번의 가슴 아픈 간벌 작업을 거친 뒤, 지금은 20여 미터 높이로 훌쩍 자란 자작나무들이 제법 어른스러운 모습으로 숲을 이루었다. 그들이 매년 떨어트리는 낙엽에 땅은 비옥해졌고 해가 지날수록 더 많은 생명이 살아 숨 쉬는 보금자리로 거듭나고 있다.

건강한 숲을 이루기 위해 어쩔 수 없이 선택한 일이긴 하지만 아내의 말처럼 내게 함부로 나무를 자를 권리는 없다. 그래서 나무들을 솎아 내 땅으로 돌려보낸 밤이면 마음이 좋지 않아 쉽사리 잠을 이루지 못했다. 그런 중에 한 가지 위안이 되었던 것은 내가 행한 간벌의 과정이 자연 상태와 가장 가까운 모습이라는 사실이었다.

잘려 나간 나무들을 보며 가슴 아파하는 것은 어디까지나 인간의 관점에서 느끼는 사사로운 감정이다. 자연 상태에서는 그보다 훨씬 더 많은 나무가 성목이 되기 전에 목숨을 잃는다. 1미터는커녕 한 뼘도 안 되는 빽빽한 공간에서 발버둥치다가 사라지는 그들의 역할은 일종의 '페이스메이커'다. 오직 누군가의 승리를 위해 일정 구간만 선두로 달리다 자리를 내주는 용병과도 같다. 한편으로는 정말 잔인한 노릇이다. 생장 조건이 맞을 때를 숨죽이고 기다리다가 기껏 싹을 틔웠는데 꽃 한번 제대로 피워 보지 못하고 쓰러지는 나무가 부지기수다.

무럭무럭 자라난 농장의 자작나무들.
자작나무나 사람이나 그들 사이에 적당한 거리가 있어야 편안하고 건강하다.

하지만 잊지 말아야 할 사실이 하나 있다. 나무 한 그루의 삶은 그 나무가 속한 숲의 건강함에 좌우된다는 것이다. 도태되어 쓰러진 나무들은 흙으로 돌아가 땅속 수많은 생명체의 먹이가 되고, 살아남은 나무들의 거름이 된다. 그들의 희생 덕분에 민둥산도 어느덧 건강한 숲으로 다시 태어나는 것이다.

노자는 《도덕경》에서 '천지불인天地不仁', 즉 하늘과 땅은 어질지 않다고 말했다. 하늘과 땅은 그 안에 존재하는 모든 생명을 그저 내버려 둘 뿐 보살피지 않는다는 뜻이다. 자연을 자애로운 어머니의 품에 비유하는 것은 인간의 착각일 뿐 통계만 보더라도 노자의 말은 틀리지 않다. 모든 나무는 통계학상 평생을 통틀어 한두 그루의 자손만 남긴다. 사람보다 훨씬 오래 사는 나무가 1년에 수천 개의 씨앗을 맺는다고 가정했을 때 실로 어이없는 숫자다. 나머지는 대부분 싹이 트지도 못한 채 썩거나, 어렵게 싹을 틔워도 경쟁에 뒤처져 도태되고 만다. 지금 이 순간에도 엄청난 수의 씨앗과 나무가 줄지어 생명을 다하고 있다. 그것은 결코 잘잘못을 따질 수 있는 문제가 아니다. 그저 자연의 이치일 뿐이다.

비단 나무뿐이겠는가. 46억 년이라는 지구의 역사에서 소리 소문 없이 사라져 간 생명이 대체 얼마일까. 인간이라고 예외가 될 수 없다. 몇몇 학자들은 앞으로 사라질 생물 가운데 인간도 포함될 수 있다고 경고한다.

굳이 인류의 멸종을 말하지 않더라도 우리 인간은 눈앞에서 일어

나는 아주 작은 현상조차 자기 감정대로 해석해 버리는 아주 미약한 존재에 지나지 않는다. 흔히 말하는 자연의 섭리라는 것도 그저 인간의 관점에서 해석한 것일 뿐이다. 어쩌면 있는 그대로의 자연을 받아들이는 노력이 있어야만 자연과 인간의 진정한 공존이 가능하지 않을까.

나 역시 다르지 않다. 나무를 마주할 때마다 자의적인 판단을 내려놓으려고 노력하지만 늘 감정이 앞서고 내 뜻대로 이끌려는 유혹에 빠지곤 한다. 사라져 가는 존재들이 안타까워 애도하는 것조차 인간이 만들어 낸 자기 연민이라는 것을 알지만 그래도 어쩌겠는가. 그래서 나는 오늘도 생명을 다한 나무 앞에서 마음으로 목례한 다음 살아 내느라 수고했다고, 땅으로 돌아가 편히 쉬라고 마지막 인사를 건넨다. 다만 사람의 잣대로 자연을 판단하고 삶의 기준을 세우려는 마음이 내 안에 도사리고 있지 않은지 살피고 또 살필 따름이다.

세상에 함부로 대해도
좋을 존재란 없다

꽃과 나무를 공부하는 사람들에게 제주도는 조금 특별하다. 제주도에서만 볼 수 있는 고유 식물들이 많을뿐더러 작으나마 훼손되지 않은 자연 상태의 숲을 만날 수도 있기 때문이다. 나 역시 기회가 닿을 때마다 제주도를 찾곤 하는데 그때마다 꼭 들르는 곳이 있다. 제주도 동부, 서부, 북부에 걸쳐 넓게 자리 잡고 있는 곶자왈이다.

곶자왈은 숲을 뜻하는 제주 사투리 '곶'과 어수선하게 엉클어져 있는 수풀을 일컫는 '자왈'이 합쳐진 말로 용암이 휩쓸고 지나간 자리에 키나무와 덩굴나무, 가시를 단 나무들이 뒤엉켜 숲을 이룬 곳을 이른다. 더구나 북방한계 식물과 남방한계 식물이 공존하는 생태계의 보고라는 사실이 알려진 뒤로 제주도를 상징하는 유명한 명소로 자리 잡았다.

작년 여름 나는 나무 공부를 막 시작한 새내기들과 함께 곶자왈을 찾았다. 나무에 대해 배워 가는 재미를 이제 막 맛보기 시작한 그들은 곶자왈에 도착하기 전부터 이미 기대감으로 들떠 있었다. 그곳에만 사는 신기한 식물들을 보는 재미에 숲 초입에 들어선 순간부터 탄성들을 질렀다. 한참 신나게 숲 구경을 하는 학생들에게 나는 질문 하나를 던졌다.

"어떻게 용암이 지나간 척박한 바윗덩어리 틈에 이런 천연의 숲이 생길 수 있었을까요? 바람도 많이 불고, 사람들 때문에 훼손됐을 법도 한데 어떻게 나무들이 크게 자랄 수 있었을까요?"

나무 이야기로 꽃을 피우던 학생들이 갑자기 꿀 먹은 벙어리가 되었다. 눈앞에 있는 나무에 대해서는 제법 아는 바가 있지만 숲 전체가 어떻게 만들어지고 유지되는가에 대해서는 생각해 본 적이 없었던 탓이다. 흔한 말로 나무는 보고 숲은 보지 못한다고 할까. 나는 답을 알려 주려고 학생들을 데리고 숲 주변부로 자리를 옮겼다.

"바로 이 녀석들 때문입니다. 이 나무들이 없었더라면 이렇게 다양한 식물들이 한데 어울려 자라는 숲은 볼 수 없었을 거예요."

내가 걸음을 멈춘 곳에는 잔가지 위로 날카로운 가시를 달고 있는 나무들이 뒤엉켜 접근을 막고 있었다. 실거리나무, 호자나무, 청미래덩굴 등이 바로 그것이다. 가시덤불이 숲 주변부에서 따가운 햇살과 거친 바람을 온몸으로 막아 내고 있기에 제주도의 돌밭 위에 풍성한 숲이 형성될 수 있었다. 어느 노랫말에는 이길 수 없는 슬픔과 외로움뿐인 자신의 마음을 가시나무에 비유하며, 누가 찾아와도 쉴 곳 없고 지친 어린 새들도 품을 수 없다고 표현했지만 실제 가시를 단 나무들의 삶은 그와 정반대다.

곶자왈은 화산이 폭발해 흘러내린 용암 대지의 땅으로 사실상 불모지다. 어떤 생명도 잉태할 수 없을 만큼 척박한 바위 땅에 가장 먼저 뿌리를 내린 것이 바로 작은 풀들과 가시를 단 나무들이다. 뜨거운 햇살과 건조한 땅 위에서도 살아남는 가시를 단 나무들의 질긴 생명력 덕에 자갈밭은 조금씩 식물이 뿌리내릴 수 있는 곳으로 바뀌었고, 그 덕에 한라산 자락에서 날아든 씨앗들이 점차 터를 잡게 되었다.

숲이 조금씩 틀을 갖추면 가시덤불은 큰키나무들에게 자기 자리를 내주고 다른 불모지로 이사를 간다. 마치 공사장의 가림막처럼 말이다. 건물이 완성되면 가림막을 걷어 내 짠 하고 새로운 모습을 보여 주듯 곶자왈의 가시덤불들도 그러하다. 그래서 가시를 단 나무들이 없는 숲은 그만큼 성숙했음을 의미한다.

척박한 땅을 개척하고 작은 생명들이 자랄 때까지 수호자 역할을 하는 그들을 가리켜 숲의 옷, 곧 임의林衣라고 한다. 나무와 숲과 관련한 여러 생태적 이름 중에 내가 가장 좋아하는 단어다. 하늘을 향해 여봐란듯 가지를 뻗는 거대한 큰키나무들도 멋있지만 볼품없는 모양새여도 한결같은 푸르름으로 묵묵히 제 소임을 다하는 가시를 단 나무들의 투박한 이파리가 훨씬 정겹고 아늑하다. 누구도 다가설 수 없을 만큼 무성한 가시덤불이 있기에 그 안의 나무들이 보호

곶자왈에 살고 있는 호자나무.
가시가 어찌나 뾰족한지
호랑이의 발톱 같다 하여 붙은 이름이다.

를 받으며 무럭무럭 자라고, 작고 연약한 새들도 천적으로부터 안전하게 둥지를 틀 수 있는 것이다.

아무도 뿌리를 내리지 않으려 하는 척박한 땅에 용기 있게 자리를 잡고 다른 생명들이 올 때까지 씩씩하게 숲을 지켜 내다가 어느 순간 자신의 자리마저 내주고 조용히 떠나는 가시나무들. 그들은 그 어떤 삶에도 저마다 살아갈 이유와 가치가 깃들어 있다는 진리를 온몸으로 보여 준다. 비록 볼품없고 누구 하나 알아주지 않지만 그럼 어떤가. 가시를 단 나무들은 묵묵히 자신의 자리를 지키고 서 있을 뿐이다.

그래서일까. 나는 곶자왈에 갈 때마다 희귀한 야생식물이나 장대하게 뻗은 나무들보다 숲 가장자리에서 경계 임무를 착실히 수행하고 있는 가시덤불에 더 눈길이 간다. 인생사에 지치고 이런저런 잡념으로 마음이 소란해질 때마다 한결같은 씩씩함으로 오늘을 살고 있는 그 친구들을 보면 웃음이 난다. 삐죽삐죽 가시가 돋아 있고, 외진 구석에 있어 아무도 관심을 보이지 않으면 어떠랴. 볼품없는 겉모습만 보고 함부로 판단하지 말 것. 세상에 함부로 대해도 좋을 존재란 없다.

결국 부드러움이 강함을 이긴다

서울 도봉산 망월사에 오르는 길 언저리에는 두꺼비 바위가 있다. 마치 두꺼비가 파리를 잡아먹고는 시치미를 뚝 떼고 앉아 있는 것 같다고 해서 지어진 이름이다. 그런데 가만히 살펴보면 바위 밑으로 더 신기한 풍경이 눈에 들어온다. 집채만 한 바윗덩이들이 마치 도끼에 맞은 장작처럼 쩍쩍 갈라져 있는 것이다.

큰 바위가 마른 장작처럼 쫙 갈라져 떨어지는 것이 화강암의 특성이라지만 사실 최초로 바위 틈새를 벌리는 건 다름 아닌 나무다. 암벽 위에 자리 잡은 왜소한 나무들이 제 몸집보다 몇 십 배는 큰 바윗덩이를 보란 듯 갈라 버리는 것이다. 대체 나무는 무슨 힘으로 큰 바위를 두부 자르듯 갈라놓을 수 있었을까?

아직 껍질이 채 생기지 않은 여린 나무 뿌리 끝에는 흙을 파고들 때 상처가 나지 않도록 보호해 주는 뿌리골무라는 조직이 있다. 단단한 바위를 부지불식간에 갈라 버리는 것이 바로 이 뿌리골무다. 그렇다면 뿌리골무가 암반 천공기의 드릴처럼 단번에 바위를 뚫을 만큼 강력한 힘을 가진 것일까? 그건 아니다. 뿌리털 끝을 감싸고 있는 뿌리골무는 오히려 나무의 그 어떤 조직보다 연약하다. 그저 뿌리 끝에 달린 생장점을 부드럽게 감싸 안은 채 끈끈한 점액질을 분비할 따름이다. 재미있는 점은 집채만 한 바위를 단번에 가르는 비밀이 바로 이 부드러운 점액질에 있다는 것이다.

뿌리골무가 내뿜는 점액질은 거친 흙을 부드럽게 만들 뿐만 아니라 주변의 수많은 미생물까지 먹여 살린다. 옥수수 뿌리의 점액질 1그램에는 무려 100억 마리 이상의 세균이 충분히 먹고 살 수 있는 영양물질이 들어 있다. 그래서 나무뿌리로 인해 수많은 생명체가 함께 살아가는 공존의 공간이 탄생하게 된다. 이렇게 만들어진 생명의 순환 고리는 단단한 바위로 스며들어 바위를 부식시키며 작은 틈새를 만들어 낸다. 처음엔 눈에 보이지 않는 틈새에 작은 미생물들이 조금씩 들어가 살게 되고, 그 부드러워진 공간으로 뿌리가 뻗어 나가니 아무리 단단한 바위도 결국 갈라지고 마는 것이다.

바위가 유독 많은 도봉산을 오르다 보면 도저히 뿌리 내릴 수 없을 것 같은 암벽 한가운데서 태연하게 자라고 있는 나무들을 볼 수 있다. 예전에는 그런 나무들을 볼 때마다 뭔가 아슬아슬하고 안타까웠는데 이제는 대견하다는 생각이 든다. 비록 척박한 바위 위에 자리 잡았을지언정 그들이 가진 뿌리의 부드러운 속성이 나무 자신은 물론 주위의 여러 생명들까지 살리며 조금씩 전진하고 있다는 것을 알기 때문이다.

어디 암벽 위에 자라는 나무뿐이겠는가. 살다 보면 우리 인생길에서도 바위처럼 단단한 벽을 만나게 된다. 그 벽이 너무나 크고 단단해서 그 어떤 노력에도 꿈쩍하지 않을 것 같으면 화가 나게 마련이다. 하지만 미동도 없는 벽 앞에서 소리치고 화를 내 봐도 남는 것은 지독한 좌절감과 상처뿐, 달라지는 것은 아무것도 없다.

나 역시 젊은 시절에는 나를 둘러싼 벽 때문에 가슴에 화가 많았다. 어려서부터 생업 전선에 뛰어들었기 때문인지 "애송이가 뭘 안다고 까불어"라는 조롱과 야유에 자주 시달렸고, 그럴수록 나는 강하고 세 보여야 한다는 강박에 사로잡혔다. 내 눈에 비친 세상은 온통 싸워서 이겨야 할 적투성이었다.

세상을 향한 적개심은 나무를 치료하고 다니면서도 한동안 떨굴 수 없었다. 특히 자신의 이익을 위해서라면 나무 따위는 죽어도 상관없다고 말하는 사람들을 만날 때면 욱하는 화를 참지 못했다. 하지만 시간이 지날수록 깨닫게 되었다. 강성으로 맞설수록 싸움은 커지고, 분노는 더 큰 분노를 불러일으킬 따름이라는 사실을 말이다.

혈기왕성하던 40대 때의 일이다. 강원도 한 산골 마을의 오래된 느티나무를 이전해야 한다는 소식을 접하게 되었다. 걱정스러운 마음에 달려가 나무를 찬찬히 살펴보니 돌밭에서 자란 나무라 미리 뿌리돌림을 할 시간이 필요했다(뿌리돌림이란 나무를 옮겨 심기 전에 나무가 잘 활착할 수 있도록 미리 뿌리를 잘라 실뿌리가 많이 나오게 하는 것이다). 그럼에도 불구하고 급하게 나무를 옮겨야 하는 이유는 단 하나, 마을에 도로를 놓아야 하는데 방해가 된다는 것이었다. 도로가 생기면 땅값이 오를 테니 이참에 돈 좀 벌어 보겠다는 욕심이 한눈에 느껴졌다. 그래도 나무를 그냥 베어 버릴 수도 있는데 나를 먼저 부른 게 어딘가 싶기도 했다.

하지만 그때 나는 나무의 상태를 잘 설명하면 마을 사람들이 다른 방법을 강구할 것이라고 생각했다. 하지만 그들은 내가 재차 설명해도 당장 나무를 옮겨 달라는 말만 앵무새처럼 되풀이했다. 사람들의 이기심에 치가 떨린 나는 차오르는 분노를 애써 삭이며, 나는 못 하겠으니 다른 사람을 알아보라는 엄포를 놓고는 돌아섰다. 그런데 차마 발길이 떨어지지 않았다. 안 봤다면 모를까 이대로 느티나무가 죽게 놔둘 수는 없었다. 어떻게 해야 느티나무를 살릴 수 있을까?

집으로 돌아온 나는 그 길로 짐을 꾸려 다시 마을로 향했다. 그때부터 시작된 버티기 작전. 일단 나는 느티나무 아래에 텐트를 쳤다. 주민들은 나무를 옮겨 달랬더니 텐트를 치고 시위라도 할 작정이냐며 화를 냈다.

"옮길 때 옮기더라도 일단 이사는 할 수 있을 정도로 만들어 놔야 하지 않겠습니까. 이대로 옮기면 느티나무는 바로 죽습니다."

그러고는 그때부터 한 며칠을 이 집 저 집 기웃대며 도울 일이 없는지 물었다. 대부분 노인 내외 단둘이 사는 시골집인지라 젊은 내가 대신 할 일이 꽤 많았다. 텃밭에 지지대를 세우는 것부터 오래된 보일러를 손보거나 이가 맞지 않는 문짝을 고치는 것까지, 나는 시키지도 않은 일을 자청하고 나섰다. 괜한 짓이라며 눈총을 주는 사람들에겐 넉살 좋게 대꾸했다.

"나무 돌보는 김에 어르신들 불편한 것도 같이 봐 드리는 겁니다. 저를 봐서라도 앞으로 나무를 잘 보살펴 주세요."

느티나무를 치료하며 마을 일을 돕기 시작한 지 얼마가 지났을까. 아침부터 어느 집의 쓰러진 담장을 손보고 있는데 집주인이 슬며시 다가와 물었다.

"정말 저 나무를 바로 옮기면 금세 죽어 버리는 거요?"

처음에는 들은 척도 않던 나무의 생사 문제에 관심을 보이는 것이었다. 슬그머니 간식을 건네며 화를 내서 미안하다고 말하는 사람도 있었다. 그렇게 동네 어른들을 도우며 마을에 머문 지 서너 주쯤 지나니 지금 당장 옮기지 않으면 나무를 톱으로 잘라 버리겠다고 으름장 놓던 목소리들이 수그러들었다. 오며 가며 못마땅한 눈길을 보내는 사람들도 여전히 있었지만 아주 소수였다.

그러던 차에 마을 이장님이 나를 찾아와 말했다. 당장 도로를 놓지 않는다고 큰일이 나는 것도 아니니 나무를 옮길 준비가 될 때까지 말미를 줄 수 있다고 했다. 젊은 친구가 애쓰는 마음을 봐서라도 당장 나무를 옮기지 않겠다고 약속한 것이다. 마을을 한바탕 소란스럽게 만들었던 느티나무 이사 문제는 그렇게 일단락되었다. 그제야 나는 한숨을 돌리고 마을을 떠날 수 있었다.

애초에 계획했던 것은 아니지만 나로서는 비슷한 일을 수도 없이 겪은 끝에 마지막으로 내린 비책이었다. 그간의 경험으로 볼 때 화를 내고 목소리를 높이며 부딪쳐 봤자 달라지는 건 없었다. 오히려 관계만 더 틀어질 뿐이었다. 당시 나는 어차피 나무가 옮겨질 상황이라면 건강을 되찾을 만큼의 시간이라도 벌고 싶었다. 그리고 나무를 이전하고 난 뒤 누군가 나를 봐서라도 나무를 그냥 방치하지 말았으면 했다. 그래서 기껏 짜낸 아이디어가 텐트 시위(?)였다. 일손을 도와 가며 아픈 나무를 모른 체하지 말아 달라는 내 마음을 우회적으로 전한 것이다. 그런데 다행히 마을 어르신들이 나를 기특하게 생각해서 느티나무를 살려 주었다.

그 뒤로 나는 아무리 불합리한 상황을 맞닥뜨려도 그 자리에서 맞짱부터 뜨고 보는 버릇을 조금씩 고쳐 나갈 수 있었다. 어떻게든 상대방을 굴복시키고 말겠다며 맞서 싸우는 것이 능사가 아님을 비로소 깨닫게 된 것이다.

맞서 싸우지 않고 일단 한 걸음 물러서서 부드럽게 우회할 줄 아는 것. 그것은 결코 지는 것이 아니다. 저 혼자 강하게 곧추선 나무가 한여름 폭풍우에 가장 먼저 쓰러지는 법이다. 사람도 다르지 않다. 아무리 내가 옳고 상대방이 틀렸다 하더라도 상대방을 벼랑 끝으로 몰고 가면 안 된다. 노자도 말하지 않았던가. "부드러운 것이 능히 단단한 것을 이기고 약한 것이 능히 강한 것을 이긴다"고.

이제는 알겠다. 결국 부드러움이 강함을 이긴다는 사실을 말이다. 그런데 그것을 실천하기가 참 쉽지 않다. 나는 아직도 멀었다.

인생의 2막을 준비하는 사람들에게

요즘 강의를 나가면 자의든 타의든 은퇴를 앞두고 제2의 인생을 준비하기 위해 강의를 듣는 사람들이 종종 눈에 띈다. 얼마 전에도 그랬다. 숲 해설가 양성 과정에 흰머리가 듬성듬성한 중년 남성이 유독 많았다. 쉬는 시간을 틈타 담당자에게 물어보니 동창인 듯 보이는 중년 남성들이 단체로 수강 신청을 했다고 한다. 인생의 절반 이상을 회사와 가족을 위해 열심히 일하다가 늦은 나이에 새롭게 시작하려는 사람들을 마주하니 왠지 마음이 무거웠다. 당장 일자리를 찾아야 하는 마당에 뒤늦게 공부까지 하려니 얼마나 힘이 들까 싶어 평소보다 더 열심히 강의를 했다.

그런데 그날따라 강의가 너무 힘들었다. 나는 나무를 대하는 자세를 스스로 깨우치게 하기 위해 문답식 진행을 많이 하는 편인데 그날은 질문을 해도 대답하는 사람이 거의 없었다. 특히 중년 남성들에게선 단 한 차례의 대답도 나오지 않았다. "풀과 나무의 차이가 뭘까요?" 정답이 아니어도 좋으니 자기 생각을 말해 보라는 주문에도 묵묵부답. 결국 강의는 얼마 안 되는 젊은 친구들 위주로 진행되었고, 그마저도 무거운 공기 탓에 원활하지 않았다.

그리고 이어진 식사 자리. 교육생끼리 수업에서 못다 한 이야기를 나누면서 친해지면 이후에라도 서로 도움을 주고받을 수 있지 않을까 하는 마음에 일부러 주선한 자리였다. 그런데 한쪽에 줄지어 자리를 잡은 중년 남성들은 마치 짜기라도 한 듯, 다른 사람들에게 물 좀 따라라, 수저 좀 다오, 휴지 좀 건네 달라 하며 손 하나 까딱 안 하고 이것저것 시키기만 했다. 지켜보는 내가 다 민망할 지경이었다.

시작부터가 그랬으니 대화가 제대로 이루어질 리 없었다. 보다 못한 내가 "수업 듣다가 더 궁금한 건 없었습니까?" 하고 물었는데 그들은 질문에 답하는 대신 이런저런 신세 한탄을 늘어놓으며 자기들끼리 대화를 이어 갔다. 그래서 나 역시 입을 다물 수밖에 없었다.

한편으로는 그들의 모습이 이해되기도 했다. 그간 사회생활을 하면서 다들 어느 정도 위치에 올랐을 테고, 늘 아랫사람에게 명령만 해 오다가 다시 학생이 되어 묻는 말에 대답을 하려니까 많이 어색했을 것이다. 식사 자리에서도 늘 누군가 알아서 챙겨 주었을 테니 지시를 내리는 게 몸에 배었을 것도 같다.

그러나 결국 그런 태도 때문에 그들은 더 많은 지식을 얻어 가지 못했고, 앞으로 도움이 될 사람들과 교류할 기회도 잃었다. 하다못해 내게 연락처를 묻는 사람도 없었다. 제2의 인생을 준비하고 있다고는 하나 그들은 무엇도 배우고 익힐 자세가 안 되어 있었던 것이다. 자리를 파하고 나오면서 나는 적잖이 입맛이 썼다. 그들 중 과연 숲 해설가로서 희망찬 새 출발에 성공할 사람이 얼마나 될까.

산에 가면 어디서든 흔하게 볼 수 있는 대표적인 큰키나무가 팥배나무다. 가을이면 팥알만 한 크기의 붉은 열매가 열리는데 열매에 배처럼 흰 점이 박혀 있다고 해서 팥배나무라 불린다. 봄에는 풍성한 흰 꽃으로, 가을에는 올망졸망 달린 붉은 열매로 우리 눈을 즐겁게 해 줄 뿐만 아니라 산에 사는 작은 동물들의 요긴한 겨울 양식이 되어 주는 고마운 나무다. 꽃과 열매가 워낙 눈에 잘 띄고, 15미터 이상 크게 자라는 나무라 쉽게 알아볼 수 있을 것 같지만 예상 외로 사람들은 팥배나무를 잘 찾아내지 못한다. 뿌리를 내린 곳이 어디냐에 따라 완전히 형태를 바꾸는 탓이다.

계곡 근처의 비옥한 토양에서 자라는 팥배나무는 줄기 둘레가 한 아름을 넘길 만큼 크게 자란다. 풍성한 잎이 그늘을 만들기 때문에 한여름 산행을 할 때 그 밑에서 쉬어 가기 안성맞춤이다. 문제는 팥배나무의 열매가 새들이 좋아하는 먹잇감이라는 점이다. 하늘을 나는 새가 씨앗이 섞인 배설물을 어디에 떨어뜨리느냐에 따라 운명이 180도 바뀐다. 다행히 씨앗이 계곡 근처의 비옥한 땅에 떨어지면 본성 그대로 무수한 가지를 뻗으며 아름드리나무로 자라지만, 산꼭대기의 바위 능선에 떨어지면 전혀 다른 나무가 된다. 능선에서는 강렬하게 내리쬐는 햇볕과 부족한 수분으로 줄기를 하늘로 곧추 세울 수 없고 가지를 마음껏 뻗을 수도 없다. 키를 키우기는커녕 자라는 모양새가 마치 작은 떨기나무와 비슷하다. 이렇듯 팥배나무는 장소에 따라 자신의 모습을 바꿔 가며 재빠르게 적응한다. 어디 팥배나무뿐일까. 정도에 차이는 있을지언정 주변 환경에 맞추어 적응하는 것은 나무의 제1 생존 전략이다.

가만히 보면 나무에게 있어 적응은 가진 것을 버리는 데서 출발한다. 똑같은 종인데도 사막과 초원의 경계쯤에 자리한 나무는 비옥한 땅에서 자라는 나무에 비해 뻗는 가지도 적고, 가지에 달린 잎도 얼마 되지 않는다. 대신 건조한 기후에 살아남기 위해 잎이 두껍다. 아예 사막으로 들어가면 그나마 있던 잎도 모두 없애고 잎이 달릴 자리에 가시만 남긴다. 변화한 환경에서 살아남기 위해 본연의 모습을 철저히 버리고 그곳에 맞게 적응해 가는 것이다. 더욱이 그냥 적응하는 데 그치지 않고 주변의 다른 생명체들까지 불러 모아 새로운 생명의 땅을 만든다. 아무리 척박한 땅이라도 나무가 한번 머물다 간 자리는 생명이 깃드는 공간으로 탈바꿈한다.

주어진 환경을 탓하지 않고, 변화를 올곧이 받아들이며, 현재 자신이 처한 상황에 완전히 적응하는 것. 그것은 나무가 이 지구상에 현존하는 가장 오래된 생명체가 될 수 있었던 원동력이다.

《떠나고 싶을 때 떠나라》의 저자 롤프 포츠는 "직장이든 습관이

어디에 자리 잡느냐에 따라 완전히 다른 모습으로
변신하는 팥배나무의 꽃이 꼭 우리에게
“왜 그렇게 딱딱하고 재미 없게 사는 거야?”
하고 묻는 것만 같다.

든 버리고 떠난다는 것은 꿈을 실현할 수 있는 쪽으로 계속 움직이기 위한 방향 전환"이라고 말했다. 하지만 이 말이 정말 현실이 되려면 과거에 연연하는 대신 기꺼이 자신을 바꾸고 적응하려는 노력이 필요하다. 흔히 과거의 경험이 무기가 된다고 하지만 그것은 바꾸고 적응할 준비가 된 이후의 얘기다. 변화된 환경에 적응하지 못하고, 나 자신을 제대로 직시하지도 못한 상태에서 과거의 경험은 오히려 독으로 작용할 뿐이다. 강의를 들으러 오긴 했지만 현실을 받아들이고 그에 적응할 준비가 전혀 안 되어 있던 중년 남성들처럼 말이다.

산꼭대기 능선의 바위틈에서 살아가는 팥배나무를 보고 있노라면 주어진 환경에 온 힘을 다해 적응해 가며 생을 즐기는 모습에 나도 모르는 새 유쾌해지곤 한다. 살다 보면 자의든 타의든 현재의 자리를 떠나 새로운 길을 찾아 나서야 하는 시점이 분명히 찾아온다. 만일 지금 당신이 그 분기점에 섰다면 지금 자기가 선 자리가 어디이고, 새로운 환경에 적응하기 위해 필요한 것은 무엇인지 곰곰이 생각해 볼 필요가 있다.

Chapter 3

30년간 나무 의사로 살면서 깨달은 것들

I learned life from trees.
The essential life
lessons from trees,
the oldest and wisest
philosophers in the World.

최고의 일은 포기하지 않는 사람에게 찾아오는 법이다

내게 언제부터 아픈 나무를 치료하며 살아왔는가를 묻는다면 답변하기가 조금 애매하다. 나무를 살리는 학과가 있었더라면 늦게라도 대학에 진학했겠지만, 내가 처음 아픈 나무를 돌보며 살기로 마음먹었을 무렵에는 나무 의사라는 직업조차 생소했다. 찾는 이도 없고 알아주는 이도 없었다는 얘기다. 궁리 끝에 나는 농장에서 일한 경험을 살려 독학으로 '푸른공간'이라는 나무 병원을 차렸다. 하지만 간판만 그럴듯했을 뿐 형편은 어려웠다. 나무를 치료하면 비용이 발생하게 마련인데 나무들에게는 돈이 없지 않은가. 때문에 정원수들을 관리하는 것으로 생계를 유지해야 했다.

그러던 어느 날 모 기업에서 전화가 왔다. 본사 건물에 심은 소나무 30여 그루가 시름시름 아프다고 했다. 나를 어떻게 알고 연락을 했냐고 물었더니, 전화번호부를 뒤졌는데 업종편에 '조경 시공 업체'는 있어도 '조경 관리 업체'는 푸른공간이 유일하더란다. 서울시로부터 조경상까지 받은 소나무들이 누렇게 죽어 가고 있는데 살려 보겠다고 나서는 이가 없다고도 했다. 그도 그럴 것이 병든 나무에 대한 지식도 별로 없는데 잘못 손을 댔다가 병이 더 깊어지기라도 하면 그 책임을 어떻게 지겠는가.

그 후 나는 꼬박 2년을 출퇴근하다시피 소나무들을 돌봤고, 다행히 소나무들은 이전의 푸르른 모습을 되찾았다. 나무 의사로 이름이 알려지기 시작한 건 그때부터였다. 누가 봐도 다 죽게 생긴 나무들을 예전의 모습으로 되돌려놓은 것이 꽤나 회자되었던 것이다. 그 일을 계기로 나는 그 기업의 서울과 경기 지역 나무들을 모두 관리하게 되었다.

하지만 이야기는 여기서 끝나지 않았다. 매일같이 서울과 경기도 일대의 건물들을 오가며 나무를 돌본 지 2년쯤 되었을 때, 처음 내게 일을 의뢰했던 조경 담당자로부터 뜻밖의 소식을 들었다. 갑자기 본사 감사팀에서 연락이 왔다고 했다. 얘기인즉슨 서울에 조경 업체가 수백 개인데 왜 모든 나무 관리를 한 업체에만 맡겼느냐며 이를 문제 삼았다고 했다. 더욱이 직원이 한 명인 영세 업체가 그 많은 나무를 단독으로 관리한다는 게 상식적으로 납득이 가지 않는다며 전면 감사를 통보했다는 것이다.

전후 사정을 듣긴 했지만 선뜻 이해가 안 되었다. 내가 먼저 일을 청한 것도 아니고, 그저 다른 나무들도 돌봐 달라는 요청에 응한 것뿐이었다. 만일 돈을 벌 마음이었다면 거절했을 것이다. 한 건물의 나무들을 돌보고서 받는 보수라야 한 달에 20~30만 원 정도에 지나지 않았기 때문이다. 하지만 돈은 그저 먹고살 정도만 벌면 그뿐, 내가 조금 부지런히 움직이면 콘크리트 벽에 갇힌 나무들이 최소한 숨은 쉬며 살 수 있겠다는 생각에 수락한 일이었다. 예기치 않게 감사를 받게 되었다는 소식을 들은 바로 다음 날, 감사팀에서 연락이 왔다. 그들은 직접 모든 작업 과정을 봐야겠다고 말했다. 서류상의 기록과 실제 내 업무량이 일치하는지 확인하겠다는 통보였다.

"그러면 내가 어떻게 일하는지 직접 보십시오. 내가 새벽 4시에 나가니 그때 우리 집에서 만나 함께 출발합시다."

그렇게 시작된 감사는 꼬박 사흘에 걸쳐 진행되었다. 첫날, 감사 담당자는 미심쩍은 표정으로 정말 이 새벽부터 일을 시작하느냐고 물었다.

"출근 시간에 일을 시작하면 교통 체증으로 나무들을 다 돌볼 수 없습니다. 경기도 일대의 나무들까지 다 살피려면 적어도 오전 중에는 서너 곳을 돌아야 합니다."

일주일에 한 번씩은 나무들을 내 눈으로 직접 확인한다는 것이 원칙이었고, 이를 지키려면 새벽부터 길을 나서지 않을 수 없었다. 그렇게 해도 저녁 식사 때를 넘겨서야 집에 돌아왔다. 덕분에 고생한 건 아내였다. 같이 일을 할 때가 많았으니 말이다.

그 뒤로 사흘간, 나는 감사 담당자의 따가운 시선을 뒤로하고 나무들을 돌봤다. 감사가 끝나면 나무들을 다시 돌볼 수 없게 될지도 모른다는 생각에 입맛이 썼지만, 그저 나는 내 일을 했다. 흙을 고르고, 물을 주고, 웃자란 가지를 자르고, 쇠약한 나무에게 비료를 주고, 누군가 함부로 버린 쓰레기를 걷어 내고…. 늘 하던 대로 나무들을 살피고 경비원들에게 그동안 나무에게 해가 될 만한 일이 없었는지 물었다.

그런데 마지막 사흘째 되던 날이었다. 전날까지만 해도 내 곁에 바짝 붙어 일거수일투족을 감시하며 이것저것 묻던 감사 담당자가 웬일인지 말이 없었다. 멀찌감치 떨어져 내가 하는 일을 지켜보다가 건물 경비원이나 환경미화원들과 담소를 나누는 것이 전부였다. 그렇게 새벽부터 늦은 밤까지 말없이 나를 지켜보던 그는 나무에게 물을 준 뒤 손에 묻은 흙을 털고 있는 내게 목례만 하고 돌아갔다.

그리고 며칠 뒤 내게 감사 통보를 전한 이로부터 만나자는 연락이 왔다. 올 것이 왔나 보다 하며 약속 장소에 나갔는데 뜻밖에 감사 담당자도 함께 나와 있었다. 나와 눈이 마주친 순간 그는 자리에서 일어나 갑자기 고개를 숙여 인사를 했다.

"감사합니다. 선생님 노력 덕에 나무들이 죽지 않고 잘 컸다는 걸 이제야 알게 되었습니다. 덕분에 저희 회사 이미지도 좋아졌고요."

영문을 몰라 어리둥절하고 있는 나를 보며 그는 이야기를 이어갔다. 각 건물의 경비원부터 환경미화원에 이르기까지 주변 사람들을 탐문한 결과, 그들에게서 나온 얘기가 한결같았다고 했다. 내가 관리를 맡은 뒤 나무들이 건강해지니 자기들도 덩달아 더 열심히 주변 정돈을 하게 되었다는 것이다. 시키지도 않은 일까지 나서서 하는 걸 보고, 처음엔 어디가 좀 모자란(?) 사람이 아닌가 생각한 이도 있었단다.

나무를 살리고 감사하다는 말을 듣게 된 지난 시간을 돌이켜 볼 때마다 나는 예의라는 말이 떠오른다. 나무를 건강하게 보살피는 건 나무 의사로서 기본적으로 해야 할 일이다. 하지만 그 일을 잘하기 위해 어느 만큼의 시간을 투여하고, 어느 정도의 정성을 기울여야 할지는 아무도 모른다. 설렁설렁 일해도 나무가 건강할 수 있고, 열심히 일해도 나무가 아파 병들 수 있다.

하지만 나는 기왕 일을 맡으면 최선을 다해야 한다고 생각했다. 그동안 깜깜한 새벽에 집을 나서서 어두운 밤에 귀가하기를 매일같이 할 수 있었던 건 바로 그 때문이었다. 내 몸이 조금 피곤하더라도 자주 나무 곁에 머무르며 한 번이라도 더 안부를 살피면 나무의 상태가 좋아지지 않을까. 다행히 나무들은 잘 자라 주었다. 물론 그 사이 나무가 병들어 죽었다면 나는 아마 바로 일자리를 잃게 되었을 것이다. 아무리 지극정성으로 최선을 다해도 결과가 다 좋을 수는 없다는 것을 알고 있기 때문이다.

그러므로 나는 그때 운이 좋았던 것이다. 운이 좋아 다행히 나무

멀구슬나무의 겨울눈 안에는 여린 잎들이 잠자고 있다.
혹독한 추위를 잘 견디고 나면 언제 겨울이었냐는 듯
푸른 잎들이 기지개를 켤 것이다.

들이 잘 자랐던 것이다. 만약 운이 나빴다면 내가 아무리 애를 쓴다 한들 어떤 이유로든 나무가 시들었을 것이다. 큰 자연재해가 일어나지 않은 것도 천만다행이다. 그럼에도 불구하고 내가 지금 할 수 있는 것은 결국 매 순간 최선을 다하는 것뿐이지 않을까. 그래서 그 시절로 다시 돌아간다 해도 나는 아마 예전과 똑같이 깜깜한 새벽에 집을 나서서 어두운 밤에 귀가할 것이다. 내가 나무 의사로서 특출난 능력이 있는 것도 아닌데 나무를 지극정성으로 돌보는 마음만이라도 누구에게든 뒤지지 말아야겠다고 생각하기 때문이다.

그러한 일상은 그 뒤로도 계속되었다. 사람들이 어떻게 알았는지 다른 회사들로부터 이런저런 제의가 들어왔지만 모두 거절했다. 그 일만으로도 벅차서 도저히 다른 일을 맡을 수 없었기 때문이다. 그리고 이제는 알 것 같다. 미련스러운 믿음과 노력 외에 우리 인생을 책임질 수 있는 것은 아무것도 없다는 것을 말이다. 당시 내게 나무를 낫게 해 달라고 의뢰했던 직원과는 지금도 가끔 만나 술잔을 기울이곤 한다.

살다 보면 뜻하지 않게 기회가 찾아온다. 30년 전 예기치 않게 감사를 받았던 일은 내게 위기인 한편 나를 세상에 드러내 준 기회였다. 그런데 기회란 것도 어느 날 갑자기 찾아오는 선물이 아니라 최선을 다하는 날들이 차곡차곡 쌓였기에 찾아든 결과물이다. 누군가는 그랬다. 좋은 일은 믿음을 가진 사람들에게 찾아오고, 더 좋은 일들은 인내심을 가진 사람들에게 찾아오지만, 최고의 일은 포기하지 않는 사람들에게 찾아온다고. 그것이 바로 내가 지금도 아픈 나무들을 포기하지 않는 이유, 그리고 내게 주어진 오늘 하루에 최선을 다하는 이유다. 내가 할 수 있는 일은 미련스러울 정도의 굳은 믿음으로 끝까지 노력하는 것뿐임을 아는 것이다.

내가 예순이 넘어 다시 시험 준비를 하는 이유

2018년 10월부터 새벽 4시면 자리에서 일어나 공부를 했다. 동도 트지 않은 이른 새벽부터 공부하는 이유는 새로 도입된 나무 의사 자격시험을 준비하기 위해서다. 서너 시간 넘게 두꺼운 전문서적을 붙들고 씨름할라치면 어느새 식사 준비를 마친 아내가 아침밥을 먹으라고 나를 부른다. 식탁 앞에서도 책을 들여다보는 내게 아내가 던지는 말.

"아니, 그 나이에 공부를 하면 머리에 들어가기는 해요?"

사실 아내 말이 맞다. 한쪽 귀로 들으면 다른 쪽 귀로 빠져나간다는 나이에 공부라니. 더군다나 요즘은 나무를 치료하는 일은 젊은 후배들에게 일임하고 주로 기술 자문만 맡고 있다. 천연기념물을 치료할 때는 직접 나서기도 하는데 그에 필요한 문화재수리기술자 자격증은 이미 오래전에 취득했다. 그렇기에 이제 와 굳이 생활권의 나무를 다루는 나무 의사 자격증을 새로 취득할 이유가 없는 셈이다.

그럼에도 불구하고 내가 새벽잠까지 줄여 가며 나무 의사 시험에 응시하려는 까닭은 공부에 흠뻑 취할 때 느낄 수 있는 즐거움을 올곧이 만끽하고 싶어서다. 사실 나는 학창 시절에 제대로 공부해 본 기억이 없다. 중학교 때 색약 판정을 받고 책장에 꽂힌 천문학 책들을 내 손으로 내다 버린 기억이 아직도 생생하다.

다시 책을 손에 들게 된 건 꽃을 키우는 농장에서 도제 생활을 시작하면서부터였다. 농장 주인의 어깨너머로 꽃과 나무의 습성을 조금씩 깨치게 되었는데 하나하나 배워 가는 게 너무 재미있어서 나중에는 어른 손 한 뼘 굵기의 원예대백과사전을 통째로 외우기에 이르렀다. 작정하고 외운 것이 아니라 그저 알아 가는 재미에 읽고 또 읽다 보니 저절로 머리에 새겨진 것이다. 이해가 되지 않는 부분을 발견하면 그와 관련된 책을 찾아보기 위해 중고 서점을 들락거렸고, 풀과 나무의 정확한 어원을 찾다 보니 한자를 비롯해 영어와 일본어도 독학으로 웬만큼 읽을 정도가 되었다.

그렇게 공부하는 즐거움을 알게 되면서 대학에 진학할까 하는 생각이 뒤늦게 들었다. 하지만 이미 웬만한 전문 서적은 모두 찾아 읽은 터였고, 책을 통해 하는 공부만으로는 성에 차지 않기도 했다. 그때부터 나는 산과 들을 누비며 스스로 공부 거리를 찾아 나섰다. 관심을 두고 유심히 들여다보니 나무 한 그루만 봐도 온통 궁금증투성이었다. 산에 갈 때 카메라를 들고 나서게 된 것도 그때부터다. 나무를 살피다 궁금한 것이 생기면 일단 찍어 두고는 나중에 사진을 들여다보며 의문이 풀릴 때까지 나름대로 연구에 연구를 거듭했다.

그렇게 나무를 찾아 산과 들을 누빌 당시에는 그것이 공부라는 걸 미처 몰랐다. 그저 호기심을 채우기 위해 이것저것 만져 보고는 재미있어하는 어린아이 같았다고 할까. 산에 다니는 내내 나무를 알아 가는 즐거움에 해가 지는 줄도 몰랐고, 집에 돌아와서도 이 책 저 책 뒤지며 날을 새기 일쑤였다. 미하이 칙센트미하이 교수의 표현에 따르자면 나는 그때 '플로우flow'를 경험한 것이다.

"플로우라는 것은 사람들이 다른 어떤 일에도 관심이 없을 정도로 지금 하고 있는 일에 푹 빠져 있는 상태를 말한다. 곧 이때의 경험 자체가 매우 즐겁기 때문에 이를 위해서는 어지간한 고생도 감내하면서 그 행위를 하게 되는 상태이다."

그것이 정말 살아 있는 공부였음을 깨닫게 된 건 한참 시간이 흐른 뒤였다. 어느 날 나무 치료 분야의 자격증이 본격적으로 도입될 거라는 소식을 접하게 되었고, 그날로 나는 절에 들어가 시험 준비에 돌입했다. 수목병리학과 해충학, 농약학, 생리학 등 글씨가 작아 읽기도 어려운 책들을 들여다보며 밤낮없이 시험 준비를 하는데, 생각보다 힘들지 않았다. 아니 되레 밤을 지새워도 지치지 않을 만큼 즐거웠다. 쉽지 않은 학술 용어들까지 익히느라 고생을 하긴 했지만 결국 그 내용들은 그간 내가 산과 들을 누비면서 얻은 지식과 맞닿아 있었고, 현장에서 나무를 치료하며 터득한 기술들과 다르지 않았다.

결국 나는 산림기사, 수목보호기술자에 이어 가장 어렵다는 문화재수리기술자 시험까지 모두 합격했다. 나무에 대해 알고 싶다는 순수한 호기심에서 비롯된 공부가 어느덧 내 안에 깊게 체화되었기에 가능했던 일이다.

한때 공부에 흥미를 잃었던 나는 운 좋게도 공부하는 즐거움을 너무 늦지 않은 나이에 깨우쳤다. 그 뒤 나는 지식을 계속 쌓으면서 나무에 국한된 공부 영역을 생태 전반으로 확장해 나갔다. 그 과정에서 자연히 만나는 사람도 늘었고, 그 만남을 계기로 또 다른 배움의 기회를 얻기도 했다. 그저 하고 싶어서 시작한 공부가 나를 성장시키고 삶 전반에 활기를 불어넣어 준 것이다.

그래서 나는 기회가 닿을 때마다 사람들에게 말한다. 무엇이든 알고 싶은 것, 배우고 싶은 것이 있다면 한 번쯤 거기에 제대로 집중해 보라고, 억지로 하는 공부가 아니라 마음에서 우러나와서 하는 공부를 해 보라고 말이다. 미하이 칙센트미하이는《몰입 FLOW》에서 이렇게 말한다.

"공부의 목적은 더 이상 학점을 받거나 졸업장을 타는 것, 그리고 좋은 직장을 구하는 것이 아니다. 그보다는 주변에서 일어나는 일들에 대한 이해를 높이는 것 그리고 자기 경험의 의미를 이해하고 그 질을 높이는 것이 목적이 되는 것이다."

학교를 다니며 그저 시키는 공부만 하다가 졸업한 뒤에 아예 공부를 끊은 사람이라면 특히 그렇다. 하고 싶어서 하는 공부가 얼마나 재미있는지 경험해 보지 못한다면 살면서 얻을 수 있는 큰 즐거움 하나를 놓치는 것이나 다름없다.

11개월쯤 새벽 공부를 거르지 않고 열심히 한 결과 제1회 나무의사 시험에 무사히 합격했다. 아마도 아픈 나무를 위해 더 열심히 노력하라는 뜻일 게다. 시험 공부를 하면서 그간 이쪽 분야도 괄목할 만한 발전을 이루었다는 걸 새삼 깨달았다. 가끔 새로운 영역을 발견하면 호기심이 일어 관련 자료들을 찾아보고, 친한 동료와 후배들에게 자문을 구하기도 했다. 어쩌면 나이가 들어 점점 무기력해지는 노년에도 매일매일을 젊고 활기차게 살 수 있는 유일한 방법이 공부가 아닐까 싶다. 그런 까닭에 나는 죽을 때까지 공부의 끈을 놓지 않을 것이다. 재미있고 유익한데 안 할 이유가 없지 않은가.

세상에서 하나뿐인
명함을 만들다

지구본을 선물 받았다.

아무리 골라도 삐딱한 것밖에 없더라.

난 아버지의 싱거운 농담이 좋다.

지구가 본래 삐딱해서 네가 삐딱한 거야.

삐딱한 데다 균형을 맞추려니 넘어지고 미끄러지고 그러는 거야.

그래서 아버지는 맨날 술 드시고요?

삐딱하니 짝다리로 피워야 담배 맛도 제대로지.

끊어 짜슥아! 아버지랑 나누는 삐딱한 얘기가 좋다.

참외밭 참외도 살구나무 살구도

처음엔 삐딱하게 열매 맺지.

아버지 얘기는 여기서부터 설교다.

소주병이랑 술잔도 삐딱하게 만나고

가마솥 누룽지를 긁는 놋숟가락도 반달처럼 삐딱하게 닳지.

그러니까 말이다. 네가 삐딱한 것도 좋은 열매란 증거야.

설교도 간혹 귀에 쏙쏙 박힐 때가 있다.

이놈의 땅덩어리와 나란히 걸어가려면 삐딱해야지.

이정록 시인의 '삐딱함에 대하여'라는 시다. 무심코 제목 때문에 보게 되었는데 보는 순간 웃음이 났다. 어쩌다 보니 나야말로 삐딱함의 대명사처럼 살아왔기 때문이다. 그런데 세상은 기본적으로 삐딱함을 좋아하지 않는다. 심지어 삐딱하면 안 된다고 가르친다. 하지만 정말 삐딱하면 안 되는 걸까?

강의를 하러 가면 어린 학생부터 백발의 노인까지 각각의 목적으로 나무 공부를 하기 위해 모여 있는데, 그들을 보면서 알게 된 사실이 하나 있다. 사람들이 남의 시선에 너무 많은 신경을 쓴다는 것이다. 강의 도중에 내가 질문이라도 던지면 서로 눈치를 볼 뿐 선뜻 나서서 대답하는 이가 없다. '이렇게 말하면 사람들이 나를 이상하게 생각하지 않을까?', '가만히 있으면 그래도 중간은 가지' 하는 생각들이 표정에 다 드러난다. 용기를 내어 대답했다가 그게 답이 아니면 '그럴 수도 있지 뭐' 하면 될 것을, 아예 꿀 먹은 벙어리처럼 입을 다물어 버린다. 하지만 내 경험으로 보자면 다른 사람들이 나를 어떻게 생각하는지는 사는 데 별로 중요하지 않다. 오히려 행복한 삶을 사는 데 방해가 될 뿐이다.

나는 늘 세상이나 타인의 기준과는 거리가 먼 선택을 하며 살아왔다. 어떻게 그럴 수 있느냐고? 굳이 답을 하자면 지극히 단순하다. 내가 행복하자고 선택한 것이 다른 사람들의 선택과는 달랐을 따름이다. 물론 선택을 함에 있어 남들 눈에 삐딱하게 보이든 말든 개의치 않은 것은 사실이다.

내가 아픈 나무를 돌보기 시작한 1980년대 중반은 이제 막 들어선 대형 건물과 아파트를 중심으로 조경 사업이 활발하던 때였다. 조경 간판 하나로 수일 만에 몇 천만 원을 벌어들일 수 있던 시절이었다. 농장을 하며 알고 지내던 사람들이 큰돈을 벌었다는 소식이 심심찮게 들려왔다. 하지만 나는 남이 뭐라 하든 나무를 관리하고 치료하는 일에만 전념했다.

당시 '조경'이 아닌 '조경 관리'를 하는 사람은 거의 없었다. 이유는 단순했다. 돈이 되는 일이 아니니까. 한 달에 수십 개의 건물을 맡아 나무를 돌본들 조경 한 건 맡는 것보다 벌이는 적은데 품은 몇 배나 더 들었다. 잠이 부족해 코피를 쏟고 차 안에서 김밥으로 끼니를 때우기 일쑤였다. 그런 나를 두고 사람들은 바보 같다고 했다. 남들처럼 조경 사업을 하지 뭣하러 힘든 일을 자청하느냐는 것이다. 그때 나는 그랬다.

"콘크리트 바닥에 나무 몇 그루 덜렁 심어 놓으면 두 다리 뻗고 못 잘 것 같아서요. 힘은 좀 들어도 나무가 건강해지도록 돌보는 일이 훨씬 뿌듯합니다."

그런데 세월이 흘러 웬만한 건물에 나무가 다 들어서니 조경 업체들이 더 이상 할 일이 없었다. 대신 심은 나무에 문제가 생겼으니 나무를 살려 달라는 요청이 여기저기서 들어오기 시작했다. 내가 해 오던 조경 관리가 본격적으로 필요해진 것이다. 그러자 그간 큰돈을 번 조경 회사들이 내가 하는 일에 뛰어들기 시작했고, 그 여파로 내게 의뢰를 해 오는 사람들도 꽤 늘었다. 그렇지만 무더기로 몰리는 일엔 늘 경쟁이 뒤따르고 다툼도 적잖게 일어나는 법. 어느 순간 일에 대한 회의가 몰려왔다.

그렇다고 나무 곁을 떠난 건 아니다. 건물 조경수를 돌보는 일은 다른 사람들 손에 맡기고 나는 전국 곳곳에 있는 오래된 나무를 살리는 일에만 전념하기로 마음먹었다. 몇 년에 걸쳐 도시의 나무들을 돌보는 동안 내가 무엇을 해야 행복한지가 더욱 분명해졌기에 그간의 노하우를 살려 본격적으로 나무 치료에 몰입했다. 내가 지금 몸담고 있는 나무 병원이 그때 세워졌다. 물론 이전에도 나무 의사로 일해 왔지만 그때부터는 전국 어디서든 중병에 걸린 보호수에 대한 소식을 접하면 신속하게 치료할 수 있도록 체계를 세워 나가기 시작했다. 개인 병원에서 종합 병원으로 탈바꿈했다고나 할까. 그렇다고 적성에 맞지 않는 경영 전선에 나설 수는 없는 일. 잘할 자신이 없는 경영은 후배에게 맡기고, 지금까지 나는 오직 나무 살리는 일에만 전념하고 있다. 나무 병원 '푸른공간'의 병원장이라는 직함을 갖게 됐지만 여전히 나는 답답한 사무실이 아닌 자연으로 출근한다.

그렇게 아픈 나무를 돌보며 살다 보니 어느새 머리에 서리가 내렸다. 그동안 숲 생태와 도시 환경에 대한 관심이 늘면서 보호수를 돌보는 사람도 꽤 늘었다. 그래서 정말 고치기 어려운 경우를 제외하고는 웬만한 나무는 젊은 친구들에게 맡긴다.

몇 해 전 나는 새로 명함을 만들었다. 명함에 적힌 내 직함은 '포레스트 위스퍼러Forest Whisperer'. 숲에서 속삭이는 사람이라는 뜻이다. 내 식대로 정의를 내린다면 나무가 가장 나무다울 수 있는 숲에 머물면서, 나무를 비롯한 다양한 생명체들과 소통하는 사람이다. 한 그루의 나무를 되살리려면 결국 숲 전체가 건강해야 한다. 그래서 일반인들을 상대로 생태 교육을 진행하고, 현장 경험이 부족한 숲 해설가들을 따로 불러 심층적인 생태 교육을 해 주기도 한다. 건강한 숲 생태를 위한 각종 연구에 동참할 때도 있다. 물론 아픈 나무를 만나면 본연의 나무 의사로 돌아가 치료에 집중한다. 사전에도 나오지 않고 아무도 알아주지 않는 직업일지 모르지만 내가 지닌 어떤 직함보다 마음에 든다.

가끔 동참하는 산행 모임에서 젊은 친구들을 만나 얘기하다 보면 대부분이 비슷한 고민을 한다. 돈만 벌 수 있다면 어디든 취직을 하고 싶은데 자리가 없단다. 그때마다 나는 이렇게 묻는다.

"왜 꼭 남들처럼 살려고 해요?"

때가 되면 학교에 가고, 졸업해서 취직을 하고, 결혼해 아이를 낳고, 내 집 마련을 목표로 일하고…. 당연한 인생 공식일 수도 있지만 때로 그 당연한 공식에 의문을 가질 필요도 있다. 무조건 남과 다른 길을 가라는 얘기가 아니다. 적어도 내가 가려는 길이 내 의지로 택한 것인지, 최소한 그 일로 인해 불행하지는 않을지를 스스로에게 물어보라는 뜻이다. 나도 일부러 남들과 반대되는 길을 택한 것이 아니라 나를 행복하게 하는 일이 남들과 다른 쪽에 있었을 뿐이다.

가끔 친구들이 나한테 묻는다. 너는 어떻게 하고 싶은 걸 다 하며 사느냐고. 하지만 우리는 서로를 알고 있다. 친구들은 세상이 알아주는 직업과 사람들이 인정하는 지위를 포기하지 않고 끝까지 붙들고 싶은 것이다. 그래서 나처럼 못 하는 것이다. 아니, 나처럼 살고 싶지 않은 게 보다 정확한 말일 수도 있겠다. 그리고 약간의 오해도 있다. 나라고 하고 싶은 것을 다 하고 사는 건 아니다. 모든 것을 거리낌 없이 자유롭게 하는 것도 아니다. 다만 나는 내 삶을 지키기 위해 나름대로 최선을 다해 노력하는 중이다. 세상에 하나뿐인 명함을 만들기까지 끊임없이 내면의 목소리에 귀를 기울이고 그에 따르고자 애썼다. 그러기 위해 포기한 것도 많다. 왜 세상에 하나뿐인 명함이겠는가. 말만 하면 다 알아주는 직업이 아니기에 명함부터 내밀며 찬찬히 설명해 주어야만 한다. 세상의 기준으로 보자면 권력과 명예와 돈이 따라붙지 않는 명함인 셈이다.

하지만 나는 내 명함이 정말 자랑스럽다. 누가 시켜서 하는 일이 아니라 내가 좋아서 하는 일이니 보람과 행복도 따라온다. 물론 세상에 하나밖에 없는 명함을 갖게 되기까지 조금 불편한 것도 있었고 조금 외롭기도 했지만, 나만의 길을 만들어 간다는 생각에 웬만한 어려움도 "까짓것!" 하며 웃어넘길 수 있었다. '포레스트 위스퍼러'라는 이름으로 나무를 비롯한 모든 숲속 생명체와 더불어 살아가는 요즘, 나처럼 세상에 하나뿐인 명함을 가진 사람들이 조금 더 많아졌으면 하고 바라 본다. 이정록 시인이 말하지 않았던가. '네가 삐딱한 것도 좋은 열매란 증거야.'

나무 의사의
잠 예찬론

타이가taiga 또는 북방수림이라 불리는 북극의 숲에서 자라는 나무들은 잠꾸러기들이다. 1년 365일 중 성장하는 날이 채 100일이 안 되고, 나머지 기간엔 잠만 잔다. 그래도 나무들의 생장량이 따뜻한 곳에 사는 나무들에 결코 뒤지지 않는다. 햇볕을 받을 수 있는 기간에는 누구보다 열심히 광합성을 해서 무럭무럭 자라기 때문이다. 그래서 타이가 동토의 땅에서 자라는 자작나무, 전나무, 낙엽송, 가문비나무 들은 하나같이 키가 크고 장대하다.

나무와 오랫동안 함께해 온 탓인지 내 삶의 주기도 나무와 닮았다. 겨울에는 특별한 일이 없으면 해가 뜨면 일어나고 해가 지면 잠을 잔다. 여름이면 캄캄한 새벽에 일어나 아침을 먹고 해가 뜨기 전 현장에 도착한다. 사람 많은 출근 시간에 움직이기가 싫어서이기도 하지만 나무가 병이 있는지 없는지를 잘 관찰하려면 이른 새벽이 좋기 때문이다. 느티나무처럼 여름에도 새순을 내는 활엽수의 경우, 건강한 나무는 막 해가 뜬 이른 아침에 새순이 바짝 서 있는 반면 아픈 나무는 새벽녘 약한 빛에도 힘을 잃고 비실대는 경우가 많다. 아침을 여는 나무의 상태를 보면 녀석의 몸에 이상이 있는지 없는지를 금방 알아차릴 수 있단 얘기다.

그렇게 동트는 새벽하늘을 맞이하며 나무를 진단해 온 지 벌써 30년. 사람들은 꼭두새벽부터 집을 나서는 내 생활에 대해 알게 되면 고개부터 절레절레 흔든다.

"나무 의사가 생각보다 고된 직업이네요. 선생님처럼 부지런하지 않으면 하고 싶어도 못 하겠어요."

차라리 야근을 할지언정 새벽잠 줄여 가며 나무 돌보는 일은 못 하겠단다. 하지만 천만의 말씀이다. 새벽녘부터 시작한 진단과 치료는 대부분 정오를 넘기기 전에 끝이 난다. 그다음 나는 바로 집으로 돌아와 간단히 요기한 다음 일찍이 이부자리를 편다. 아무리 못 자도 하루 여덟 시간 이상은 숙면을 취하기 위해서다. 행여 강의나 약속으로 하루 수면 할당량(?)을 못 채운 날이면, 다음 날 휴대전화를 저만치 던져 두고 밀린 잠을 잔다. 그런 나를 두고 아내는 "이런 잠보는 처음 봤다"며 핀잔을 주지만 나한테 잠자는 시간은 나무 돌보는 시간만큼이나 중요하기에 조금도 아깝지 않다.

사람들은 성공하려면 독해져야 한다며 잠부터 줄이라고 말한다. 무엇이든 잠잘 시간을 아껴 가며 열심히 해야만 성공할 수 있다

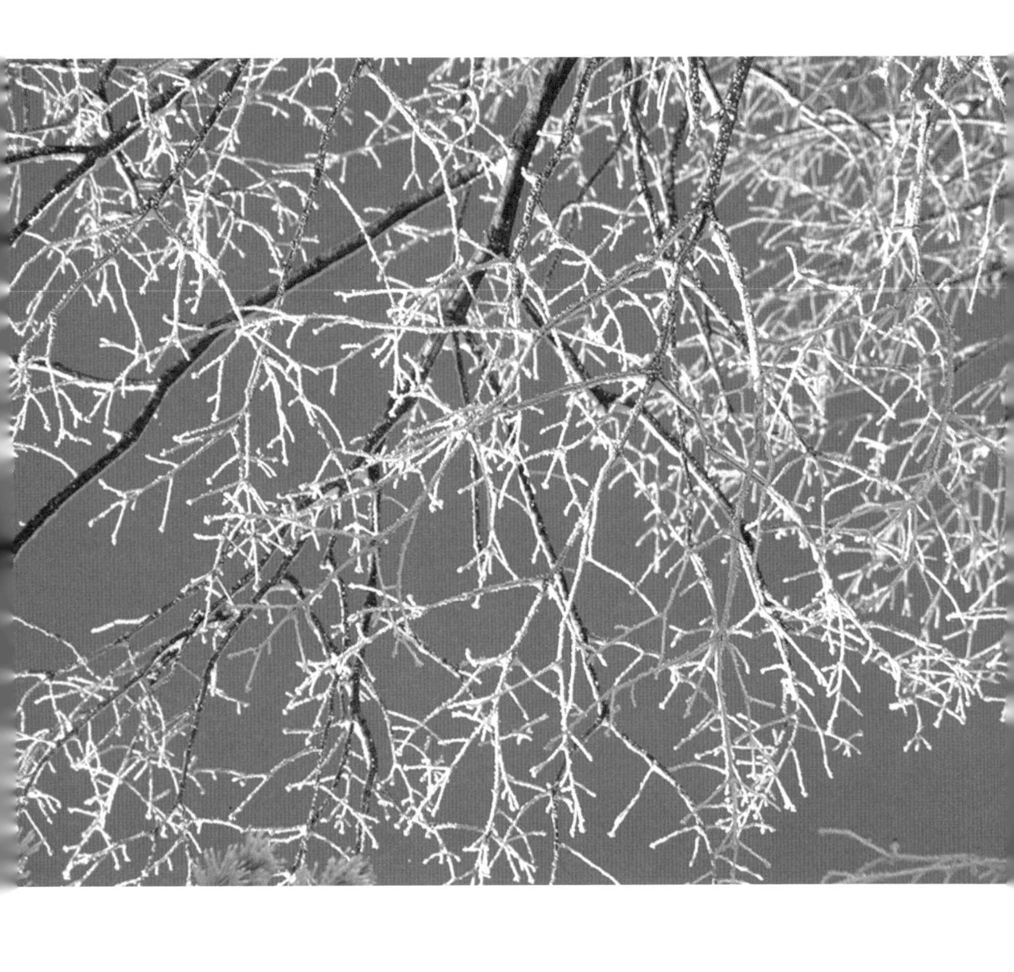

여름날의 푸르른 나무도 멋있지만
한겨울 깊은 잠에 빠진 나무도 아름다운 법이다.

는 것이다. 그래서 잠을 많이 자는 사람은 게으르고 성공과는 거리가 먼 사람 취급을 받는다. 그러나 쉬지 못하고 계속 내달리면 신경이 예민해지게 마련이고, 쓸데없는 걱정만 늘어나게 된다. 무엇보다 몸이 망가져서 일의 효율도 떨어진다. 그래서 나는 잘 쉬어야 일도 잘할 수 있다고 생각한다. 잘 쉬는 방법 중 하나로 나는 잠을 택한 것뿐이다.

잠을 자는 동안 몸은 쉬어도 머리는 정말 많은 일을 해치운다. 우선 자고 나면 뒤죽박죽이던 생각들이 마치 잘 정리된 서랍장처럼 차곡차곡 정돈돼 있다. 그렇게 급하던 일도 한잠 푹 자고 나면 별일 아닌 일로 바뀌어 있고, 까맣게 잊고 있던 정말 중요한 일이 불현듯 떠오르기도 한다. 의뢰받은 원고를 며칠째 완성 못 해 끙끙대다가 '에라 모르겠다, 잠이나 자자' 하고 한잠 자고 일어났더니 한 시간 만에 원고가 술술 써지기도 했다. 그래서 생각이 너무 복잡하고 부글부글 끓어오르는 감정을 어쩌지 못할 때는 일부러 잠을 자기도 한다.

그런데 왜 잠을 줄여야 한단 말인가. 쉬지도 못하고 잠을 줄여 가면서 해야 할 중요한 일이 도대체 뭐란 말인가. 나는 사람들이 너무 열심히 사는 것도 문제라고 생각한다. 겨울 한철 내내 잠만 자고, 그도 모자라 어느 해에는 일찍이 낙엽을 떨어트리고 숙면에 들어가는 나무와 비교하자면 바쁘게 사는 인간이 너무 불쌍하지 않은가. 그래서 나는 아내의 핀잔에도 아랑곳하지 않고 아무것도 하지 않을

권리(?)를 최대한 누린다.

철학자이자 작가 볼테르는 “신은 현세에 있어 여러 가지 근심의 보상으로써 우리에게 희망과 수면을 주었다”고 했다. 문명이 발달한 이래 수면은 여전히 과학에서 해결 안 된 커다란 신비 중 하나다. 인생의 3분의 1에 해당하는 시간을 잠자며 보내지만 아직도 그 이유는 정확하게 밝혀지지 않았다고 한다.

하지만 나는 내가 하루 여덟 시간 이상씩 꼬박꼬박 잠을 잘 잤기에 지금까지 큰 근심 없이 매사를 긍정적으로 생각하며, 보약 한 번 제대로 먹지 않고도 전국 방방곡곡을 누비며 살아왔다고 생각한다.

어쭙잖은 잠 예찬론을 펼치고 나니 이내 또 기분 좋은 졸음이 솔솔 몰려온다. 해야 할 일을 열거하자면 열 손가락으로 꼽아도 모자라지만, 그건 깊은 단잠을 자고 활력을 되찾은 다음에 하고 지금은 일단 신이 주신 보상을 받으련다.

나이테에서 배우는
기록을 하는 삶에 대하여

1988년도 서울올림픽과 함께 찾아든 건축 붐은 조경 산업에도 활기를 불러일으켰고 덕분에 도심 거리는 나무들로 넘쳐 났다. 그러나 사람들은 나무를 심을 줄만 알았지 돌볼 줄을 몰랐다. 살던 곳을 떠나 억지로 옮겨진 나무들은 몸살을 앓았다. 나는 아픈 나무들을 보살피기 위해 전국 방방곡곡을 누비고 다녔다.

그러던 어느 날 가깝게 지내던 후배가 찾아왔다. 나무에 대해 궁금한 것이 있으면 득달같이 달려오던 친구였기에 이번엔 또 뭘 물어보려나 했는데 대뜸 하는 말이 이랬다.

"형님, 수목보호기술자라는 자격증 제도가 생겼다는데 혹시 아세요?"

자격증이라니, 이게 무슨 얘긴가. 갑자기 아찔했다. 내가 살려 낸 나무가 얼마나 많든 결국 나는 무면허로 나무들을 돌봐 온 셈이었다. 내가 나무 관리 회사를 차렸을 당시만 해도 꼭 갖춰야 하는 자격증 같은 건 없었고, 그간 되살린 나무가 부지기수이니 떳떳하지 않을 이유는 없었다. 하지만 앞으로는 행여 돌팔이라는 소리를 듣지 않으려면 자격증을 따는 수밖에 없었다. 시험 제도가 도입된 지 얼마 안 됐다는 사실이 다행이라면 다행이었다.

그런데 시험을 보려고 신청하려는 찰나 뜻하지 않은 문제에 부딪쳤다. 합격은 차후 문제고, 나는 시험에 응시할 자격 요건을 갖추지 못한 상태였던 것이다. 시험 응시자는 우선 해당 분야를 전공한 학사 이상의 학력이어야 했다. 중학교 졸업이 마지막인 내게 대학 졸업장이 있을 리 만무하지 않은가.

온몸의 힘이 풀리는 느낌이었다. 10대 시절에 배운 원예 기술을 시작으로 그간 발품을 팔며 쌓은 지식이 누구 못지않다고 자부해 왔는데, 시험에 응시조차 할 수 없는 상황을 맞이하다니 참 씁쓸했다. 하지만 그대로 포기할 수는 없었다. 내가 그동안 나무와 함께해 온 시간들은 부인할 수 없는 사실이었다.

그때 문득 떠오른 것이 있었다. 나무를 치료하고 받은 보수에 대한 세금 기록이었다. 나무 의사로 살겠다고 마음먹은 뒤 나는 가장 먼저 상호를 등록하고 세무서에 사업자등록을 했다. 그리고 나무를 치료하고 얻은 소득에 대해 단 한 번도 신고를 거르지 않았다. 집안 형편이 좋지도 않으면서 꼬박꼬박 소득 신고를 하는 내게 누군가가 물었다.

"남들은 어떻게든 덜 내려고 하는 세금을 왜 굳이 찾아가면서까지 내려고 하세요? 그런다고 누가 알아주는 것도 아닌데…."

하지만 나는 액수가 아무리 적더라도 씀씀이는 투명해야 한다고 생각했다. 그렇게 나무를 치료하고 받은 보수가 빼곡히 정리된 기록들은 나무를 향한 내 마음과 노력이 담긴 일기와도 같았다. 어쩌면 나는 고통받는 나무들과 함께한 때를 기록함으로써 내 흔적을 남기고 싶었던 건지도 모른다. 그렇게 나는 나무와 함께하는 매 순간마다 '나'를 기록했고, 그 기록들은 내 성장 과정을 말없이 지켜봐 주었다. 또 그것은 나로 하여금 더 열심히 나무를 돌보게 하는 원동력이 되어 주기도 했다.

아마도 아픈 나무들이 아직 많이 있으니 더 열심히 일하라는 하늘의 계시였던 것 같다. 응시자 중에 학력 미달인 사람도 드물겠지만 나만큼 오랜 현장 경력을 쌓은 사람 또한 거의 없을 터. 세무서에서 넘겨받은 납부 기록들은 현장 경력을 증명하는 것은 물론 학력 조건도 대신해 주었다. 그렇게 무사히 신청을 마친 나는 시험을 응시한 그해 산림기사에 이어 수목보호기술자, 천연기념물을 다루는 문화재수리기술자까지 나무를 돌보는 데 필요한 자격증을 모두 취득했다.

당연한 이야기지만 대부분의 나무에는 나이테가 있다. 지금은 죽고 없지만 서울 통의동에는 천연기념물로 지정된 백송이 살고 있었다. 높이 16미터에 수령이 약 600년쯤 되는 백송은 어느 날 강풍을 동반한 폭우에 그만 쓰러지고 말았다. 그런데 죽은 백송을 조사하는 과정에서 놀라운 사실이 드러났다. 일제강점기인 1919년부터 1945년까지의 나이테 간격이 거의 변동이 없을 만큼 좁고 짙었던 것이다. 사람들만큼이나 나무 또한 스트레스를 받았다는 얘기다.

전설처럼 회자되는 이야기지만 실제로 나무는 성장하는 동안 어떻게 살았는지를 마치 자서전처럼 나이테에 고스란히 남긴다. 나이테가 간격이 넓고 연한 색이면 당시 환경이 풍족했다는 뜻이고, 반대로 나이테 간격이 좁고 색이 짙으면 그만큼 열악한 환경에서 시련을 겪었다는 뜻이다. 또한 세포분열이 활발하게 이루어지는 봄에는 나이테에 밝은 자국이 남지만 봄 이후에는 더디게 자라기 때문에 어두운 자국이 남는다. 기후 조건이나 영양 상태가 안 좋으면 나이테의 간격이 좁아진다. 그만큼 생존을 위해 치열한 사투를 치렀다는 증거인 셈이다.

그런 의미에서 나이테는 나무의 지난 삶에 대한 성장 일기라고 할 수 있다. 한때 나는 쓰러진 나무의 밑동을 얇게 켜 레코드 음반처럼 소리를 들을 수 있다면 좋겠다는 상상을 했다. 그 먼 옛날의 바람 소리와 새 소리, 인간이 일으킨 전쟁의 소리, 나무 앞에서 간절히 전하는 누군가의 기도 소리…. 그렇게 매 순간이 나이테에 기록되어 그 주위에서 발생한 모든 소리를 들을 수 있다면 그것 또한 소중한 역사이지 않을까. 그런 상상 때문인지 나는 오래된 고목의 나이테 나이테에는 나무의 성장 기록이 담겨 있다.
사람에게도 나무처럼 과거를 기록하는 시스템이 있었다면
삶도 역사도 많이 달라지지 않았을까.

를 대할 때마다 숙연해진다. 과거의 모든 경험을 온전히 간직한 채 뚜벅뚜벅 나아가는 의연함이 나를 고개 숙이게 만드는 것이다.

나무가 지난날을 고스란히 새긴 채 죽을 때까지 푸르게 살아가듯, 사람 역시 살면서 몸으로 겪어 낸 모든 경험을 아름다운 흔적으로 되살릴 수 있다면 얼마나 좋을까. 어떤 경험이든 그것들이 쌓여 오늘의 내가 되었다. 그렇게 생각해 보면 그 어떤 날도 의미 없는 날은 없었다. 한 걸음을 내딛고, 한마디 말하는 데도 조금은 신중해지는 이유다.

너 나 할 것 없이 어제의 것은 잊고 한시라도 빨리 내일을 준비해야 한다고 말한다. 세상은 빠르게 변화하는데 언제까지 아무런 쓸모없는 과거를 붙들고 있을 거냐고 다그치기도 한다. 그래서일까. 많은 사람이 자신의 지난 역사를 외면한 채 오늘을 살아간다. 하지만 어떤 모습으로든 지나온 과거는 내 몸과 마음에, 그리고 지금 이 순간과 다가올 내일에 각인되게 마련이다. 지친 하루를 마감하고 잠자리에 들 때 한 번쯤 생각해 보는 건 어떨까. 오늘 하루 내 삶은 어떠했는지, 나는 과연 인생이라는 나이테에 어떤 기록을 남겼는지 말이다.

아이들이 숲에서 자라야 하는 까닭

20여 년 전, 숲 해설가 양성 과정의 하나로 현장학습을 떠난 적이 있다. 요즘은 젊은이들도 종종 참여하지만 당시만 해도 수강생의 대부분은 아이를 학교에 보내고 시간 여유가 생긴 주부와 은퇴를 앞둔 중년 남성이었다. 그런데 신기하게도 사람들 틈에서 앳된 얼굴의 청년이 눈에 띄었다.

대체 어떤 계기로 어린 나이에 자연에 관심을 두게 되었을까. 수업을 진행하는 내내 나도 모르게 자꾸 눈길이 갔다. 그런데 좀 이상했다. 내 시선이 향할 때마다 청년의 눈빛이 흔들리더니 나중에는 고개를 돌려 피하는 눈치가 역력했다. 그제야 알아챘다. 이제 막 소년티를 벗은 그 젊은이가 남다른 장애를 안고 있다는 것을 말이다. 하지만 무슨 상관인가. 숲은 자신을 찾는 모든 이를 공평하게 대한다.

“거기, 젊은 예비 숲 해설가 님. 나무와 사람의 차이가 뭘까요?”

나는 일반 수강생을 대하듯 그에게도 똑같이 질문을 던졌다. 내 눈을 계속 피하던 그는 나를 잠시 바라보다가 조금 어눌하지만 정확하게 말했다.

“나무는 싸우지 않아요.”

놀랍게도 그 친구의 대답은 그날 강의의 핵심이었다. 타인에게 피해를 주거나 남의 것을 빼앗지 않고 스스로 필요한 것을 만들 줄 아는 평화의 기술자가 바로 나무이니 말이다.

그것이 예비 숲 해설가 동혁이와의 첫 만남이었다. 수업이 진행되는 내내 동혁이는 조금 느리긴 해도 질문에 열심히 대답했고, 나무를 유심히 살피거나 나무껍질을 직접 만져 보는 등 최선을 다해 집중하는 모습을 보였다.

잠시 후 쉬는 시간, 나는 멀찌감치 떨어져 수업을 지켜보던 동혁이의 어머니와 이야기를 나누었다. 말 잘 듣고 착한 동혁이에게 처음 이상 증세가 발견된 건 아이가 중학교에 입학했을 무렵이었다. 수업 도중에 벌떡 일어나 돌아다니는가 하면 다른 아이에게 방해가 될 만큼 같은 말을 중얼거렸다. 혹시나 하는 마음에 찾은 병원에서 받은 최종 진단은 전반적 발달장애인 아스퍼거 증후군. 정상적인 학교생활이 어렵다는 말을 듣고 어머니는 절망에 빠졌다. 그 뒤 몇 해 동안 백방으로 노력했지만 아이의 증상은 나아지지 않았고 그러다 마지막으로 찾은 곳이 숲이었다. 스무 살, 여느 아이 같으면 고등

학교를 졸업하고 진로를 찾아갈 나이인데 동혁이가 하는 일은 오직 산행뿐이었다. 숲에 다니며 자연을 직접 체험하다 보면 아이가 조금이라도 나아지지 않을까 하는 어머니의 마지막 기대 때문이었다.

어머니의 간절함이 닿았던 것일까. 몇 개월간 숲을 다녔다는 아이의 변화는 내가 보기에도 놀라웠다. 숲에 대한 전문적이고 어려운 생태 현상에 대해서도 곧잘 설명하는 것은 물론 풀 한 포기 나뭇가지 하나조차 소중히 대하는 모습이 보통 어른들보다 훨씬 나았다. 어디서 그런 걸 배웠냐고 하자 수줍게 하는 말이 물어볼 사람이 없어서 직접 관련 서적들을 찾아봤단다.

신록의 5월부터 단풍이 지는 늦은 가을까지, 숲에서 많은 시간을 보내며 동혁이는 몸도 마음도 크게 자랐다. 또래보다 운동신경이 덜 발달한 탓에 모든 동작이 굼떴는데 어느새 나뭇등걸을 훌쩍 오를 만큼 튼튼해졌고, 함께 산을 오르는 사람들의 손을 잡아 줄 만큼 마음의 빗장도 열었다.

그러던 어느 날 동혁이 어머니로부터 예상 밖의 이야기를 전해 들었다. 여느 때처럼 사람들과 함께 산을 오르고 있는데 잘 따라오던 아이가 갑자기 보이지 않더란다. 서둘러 찾아보니 아이는 일행으로부터 떨어져 나와 웬 나무 앞에 우두커니 서 있었다. 놀란 가슴을 다독이며 다가가 가만히 손을 잡으니 동혁이가 작은 목소리로 말했다.

"나무가 아파요."

나무는 병충해를 입었는지 부스럼투성이인 몸통에 가지마저 부러져 있었다. 이윽고 동혁이는 어머니의 손을 놓고 나무를 안으며 속삭였다.

"너도 나처럼 아프지? 괜찮아. 나아질 거야…."

이야기를 전하는 어머니의 목소리에는 눈물이 묻어 있었다. 병원에서도, 학교에서도 꽁꽁 닫혀 있던 아이의 마음이 나무 한 그루 앞에서 활짝 열렸던 것이다. 숲을 다니며 몸과 마음의 근육을 모두 튼실히 다진 동혁이는 새로운 꿈을 꾸기 시작했다. 훌륭한 식물학자가 되어 전 세계의 풀과 나무들을 만나는 것이다.

세상 밖으로 첫걸음을 뗀 동혁이의 변화는 오랜 시간 눈물의 세월을 보낸 어머니에게도 변화를 가져왔다. 무엇이든 "하지 마", "안 돼"라는 말만 되풀이하던 어머니는 더 이상 부정적인 말을 하지 않았다. 직접 보고 만지며 느끼는 일련의 과정이 그 어떤 것보다 큰 성장의 동력이 된다는 걸 몸소 깨달았기 때문이다. 조금 더 빨리 숲을 찾지 못해 후회가 된다는 어머니의 말에 나는 이렇게 대답했다.

"동혁이에겐 시간이 아직 많습니다. 앞으로 계속 숲에 머물다 보면 지금보다 훨씬 크게 성장할 테니 행복한 마음으로 지켜보세요."

내가 한 말은 단순한 위로의 의미가 아니었다. 환경 분야에서 최고의 고전으로 꼽히는 《침묵의 봄》의 저자 레이첼 카슨은 "아이에게나 아이를 인도해야 할 어른에게나 자연을 아는 것은 자연을 느끼는 것의 절반만큼도 중요하지 않다. 당신의 자녀가 자연에서 놀라움을 느낄 수 있도록 도와라"라고 말한 바 있다.

안타깝게도 지금 아이를 키우고 있는 젊은 부모들은 대부분 숲에서 뛰어놀아 본 경험이 없다. 자연을 가까이서 경험하며 자라지 못한 이 땅의 첫 세대인 셈이다. 그들에게 숲은 미지의 공간이자 두려움의 대상이다. 그러다 보니 그들은 아이들에게도 숲은 위험이 도사리고 있으니 조심해야 할 곳이라고 가르친다. 어쩌다 산과 들로 여행을 가더라도 "만지지 마", "더러워", "가만히 있어"라고 제재하며 아이들이 자연을 마음껏 느껴 볼 기회를 차단해 버린다. 그것이 아이의 미래에 얼마나 큰 상실로 남을지 부모들은 알까.

다행히 근래 들어 유아 숲 놀이 프로그램을 의무적으로 운영하려는 움직임이 일고 있다. 한 달에 한 번, 아이들을 숲에 데리고 가서 크고 작은 생명체들을 직접 만나 보게 하고, 생태계의 흐름을 자연스럽게 깨닫게 하는 것이다. 그런 분위기 탓인지 간혹 부모들을 대상으로 한 생태 교육 특강을 요청받곤 하는데 그때마다 내가 부모들에게 하는 말이 있다.

"아이를 숲에서 뛰어놀게 하세요. 그게 평생 사용할 근육을 만드는 겁니다."

숲은 365일이 다르다. 풀과 나무, 바위와 흙, 그 안에 머무는 온갖 생명들까지 대기의 순환에 따라 매일 다른 모습으로 변신한다. 재미있는 것은 그런 미세한 변화를 아이들은 금방 알아차린다는 것이다. 아파트 단지 놀이터의 미끄럼틀이나 그네와 달리 매일 형형색

색으로 변하는 천연의 놀이기구가 한가득인 숲에서 놀면서 아이들은 자연의 법칙, 생명이 순환하는 원리를 배운다. 몸 안의 미세한 근육들이 절로 자라는 것은 물론 작은 생명도 소중히 여기고 아끼는 배려심도 생겨 난다. 숲을 다니며 몸도 마음도 성큼 자란 동혁이처럼 말이다.

그저 보고 만지고 느낄 수 있게만 해 주어도 숲은 아이에게 많은 것을 제공한다. 다만 경험하지 못해 믿지 못하는 부모들이 그 사실을 외면하고 있을 뿐이다. 아이가 자연 결핍 상태로 자라기를 바라지 않는다면 부모가 먼저 나서야 한다. 모든 아이가 숲에서 뛰놀며 온갖 생명들과 속삭이는 행복한 날을 꿈꾸어 본다. 태고적부터 이어져 온 자연의 놀라운 힘을 믿으며.

일을 한다는 것의 의미

"아, 우종영 선생 댁이죠? 나 할머니 수녀예요. 우 선생 있으면 좀 바꿔 주실라우? 내가 또 아픈 나무를 발견해서 말이에요."

아픈 나무를 고치러 갔다가 인연을 맺은 수녀님이 계시다. 그분은 나이가 들어 기억력이 예전 같지 않으신데 아픈 나무를 발견하게 되면 그 즉시 내게 전화를 거신다. 늦은 시간이라 실례인 줄 알면서도 전화하는 이유는 행여 내일로 미루다 당신이 발견한 아픈 나무를 잊고 지나칠까 싶어서다. 나는 수녀님의 마음을 누구보다 잘 알기에 전화를 받으면 만사 제치고 달려간다.

수녀님은 상대방을 대함에 있어 높고 낮음이 없다. 그 차별 없음이 비단 사람에게만 국한되지 않는다. 나서 자라고 늙어 흙으로 돌아가는 건 나무나 사람이나 다를 게 없다며 나무를 마치 혈육처럼 대한다. 이 땅에 살아 숨 쉬는 모든 생명체는 수녀님에게 생명이 있다는 그 자체만으로도 존귀한 대접을 받는다.

언젠가 시골 어느 사찰에 다녀온 수녀님이 절 앞마당에 있는 소나무 한 그루가 이상하다며 전화를 주신 적이 있었다. 서둘러 가 보니 조경용으로 세워 둔 바위가 소나무 뿌리를 짓누르고 있었다. 뿌리가 숨을 못 쉬니 나무에 문제가 생길 수밖에. 잘은 몰라도 나무가 아픈 것처럼 보인다던 수녀님의 말씀이 적중한 것이었다. 나무 의사보다 더 나무 상태를 빨리 파악하는 수녀님을 보면서 늘 대단하다고 생각했다.

그런데 더 놀라운 사실이 있다. 알고 보니 수녀님은 태어날 때부터 알레르기 때문에 나무나 풀을 만지지 못했다. 남보다 쉽게 풀독이 오르고, 어쩌다 나무나 풀 근처에 있는 벌레에 쏘이기라도 하면 살갗이 퉁퉁 부어올라 바로 병원에 가야만 했다. 수녀님이 나무를 다룰 때 워낙 거리낌이 없는 탓에 그 사실을 전혀 모르고 있다가 팔뚝 여기저기에 있는 반점을 보고서야 눈치를 챘다.

하지만 수녀님은 잎에 닿은 팔이 가렵고 따가울 텐데도 온종일 약을 발라 가며 나무를 돌보셨다. 사람도 끼니를 거르고 쉬지 못하면 바로 탈이 나는데 움직이지 못하는 나무라고 내버려 두는 것은 도리가 아니라며 이렇게 말씀하셨다.

"우 선생, 나는 나무가 너무 좋아요."

그래서 수녀님은 좋아하는 나무와 더 친해지려고 어디 먼 길이라도 나설라치면 상비약부터 챙기신다. 그래야 마음 놓고 나무와 풀을 대할 수 있기 때문이다.

솔직히 고백하자면 가끔씩 일이 너무 바쁘거나 지친 날에는 아픈 나무를 보더라도 모른 척 지나칠 때도 있었다. 그럴 때마다 한결같이 나무를 좋아하고 아끼는 수녀님을 떠올리며 부끄럽다는 생각이 들곤 했다. 나무 의사랍시고 30년 넘게 일해 왔는데 나는 과연 어떤 마음으로 나무를 대하고 있는 건지 돌아보게 되기도 했다.

아내가 나더러 가족보다 나무를 더 좋아하는 사람이라고 한 적이 있다. 틀린 말은 아니다. 건물의 조경수부터 길가의 가로수, 몇 백 년 된 보호수에 이르기까지 저마다 사연을 가진 나무들을 돌보는 동안 어느덧 머리에는 흰서리가 내렸다. 그리고 부끄럽지만 나무에게 온 신경을 쏟느라 딸아이가 어떻게 자라는지도 몰랐다. 아빠로서는 빵점이었던 거다. 나는 너무 부족한 아빠였다.

그래도 예전에는 내가 아이를 키운다고 생각했는데 이제는 알겠다. 아이는 스스로 컸고 덕분에 성장한 것은 바로 나다. 일도 마찬가지다. 30년 넘게 나무를 치료하며 내가 나무들을 지켜왔다고 생각했지만 오히려 나무들이 나를 지켜주었다. 나무에게 참 많은 것을 배웠고, 덕분에 내 삶은 더 단단해지고 충만해졌다.

어린 시절, 나는 일한다는 것이 곧 어른이 되는 것이라 생각했다. 내 곁의 어른들은 모두 일을 하느라 열심히 뛰어다녔다. 20대의 나에게 일은 곧 돈이었다. 굶지 않기 위해 돈이 필요했고 돈을 벌려면 일을 해야만 했다. 하지만 그때는 일이 전혀 즐겁지 않았다. 그래서 생계유지가 일을 하는 궁극의 이유가 될 수 없음을 깨달았다. 그리고 나무 의사가 되어 아픈 나무들을 돌보는 시간이 쌓이면서 어느 순간 알게 되었다. 일을 한다는 것은 돈을 버는 것을 넘어 스스로에게 부끄럽지 않은 자부심을 갖는 것이고, 내가 살고 싶은 모습을 실현해 나가면서 충족감을 얻는 과정이었다.

세월의 풍파에 휩쓸리다 문득 정신을 차리고 보면 해도해도 벗어날 수 없는 굴레에 갇힌 느낌이 들면서 '이렇게 열심히 사는 게 무슨 의미가 있을까?' 하는 의문이 든다. 이런 의문을 갖는다는 건 인생에서 무언가 갈증을 느끼고 있다는 증거다. 사람마다 중요하게 여기는 가치는 제각각이겠지만 그 중심에 있는 것은 스스로 느끼는 '존재 가치'가 아닐까. 나라는 존재가 꼭 필요한 존재인지 확인하고 싶은 마음은 인간이라면 누구나 가지는 본성일 것이다.

그래서 나는 인생에서 일이 갖는 의미가 매우 중요하다고 생각한다. 내가 하고 있는 일을 통해 존재 가치를 발견할 수 없으면 그 삶은 늘 허기질 수밖에 없다. 즉 일을 한다는 건 돈을 버는 행위를 넘어 삶의 양식을 얻는 것이다.

처음 내가 나무를 치료하는 일을 시작했을 때 가장 많이 들었던 소리가 바보 같다는 말이다. 돈이 안 되는 일을 왜 그렇게 열심히 하느냐며 비아냥대는 사람도 여럿이었다. 하지만 그때 나는 생각했다. 내가 하는 일이 곧 나 자신을 말해 주며, 내가 그 일을 어떻게 하고 있는지가 내 인생을 대변해 준다고. 그런 마음으로 살다 보니 비록 남들 눈에 바보처럼 보였을지언정 늘 마음은 풍족했다. 일이라는 것은 누가 알아준다고, 혹은 누가 무시한다고 그 가치가 달라지지 않는다. 무슨 일을 하든 그 일을 통해 존재 가치와 의미를 찾는 것은 전적으로 자신에게 달려 있다.

그러고 보면 나는 나무로 인해 꽤나 풍족한 삶을 살았다. 밥그릇은 조금 덜 채웠을지언정 마음은 내 존재 가치를 확인하는 기쁨으로 가득했다. 하지만 수녀님을 떠올리면 아픈 나무들을 돌보며 살겠다고 했지만 진정 나무를 위해 한 일이 무엇인지 돌아보게 된다. 내 만족과 내 존재 가치를 확인하는 것에만 급급해 놓친 것은 없는지 반성하게 되는 것이다. 오늘따라 "우 선생, 나는 나무가 참 좋아요"라고 말하던 수녀님의 즐겁고 행복한 표정이 자꾸만 생각난다.

내가 땅을 사서 곡식 대신 나무를 심은 이유

30대 중반쯤이었다. 흙을 밟을 수 있고 마음껏 하늘을 볼 수 있는 나만의 공간이 있었으면 했다. 나무에 그물 침대를 걸고 누워 책을 읽을 수 있으면 얼마나 좋을까 하는 생각도 했다. 마침 아내 역시 흙을 만지며 텃밭을 가꿔 보고 싶다는 마음을 비쳤고, 아내의 동조에 힘을 얻은 나는 그길로 땅을 구하러 다녔다. 주위 사람들은 달동네 단칸방 신세도 못 면하는 형편에 땅부터 사느냐며 혀를 찼지만 나는 그에 개의치 않았다. 그렇게 몇 달간 발품을 팔아 선택한 곳이 강원도 화천 산자락이었다. 강원도의 깊은 산 기운을 받아서인지 여름에도 서늘한 공기가 감돌고 사시사철 맑은 물이 흐르는 형세가 마음을 사로잡았다.

운이 닿았던지 마침 매물로 싸게 나온 땅이 있었다. 소개해 준 이의 말로는 마을의 부농이 대대손손 농사를 지어 온 비옥한 땅이라고 했다. 그래서 다른 사람이 채 갈까 싶어 덥석 땅을 사 버렸다. 돈을 갚기 위해 한동안 꽤나 고생을 해야 했지만 내 땅이 생겼을 때의 기쁨은 아직도 잊을 수 없다.

그런데 문제는 그때부터였다. 우여곡절 끝에 어렵게 땅을 마련하고 보니 문전옥답이라던 그 땅은 형편없이 죽어 가고 있었다. 겉으로는 그럴듯해 보였지만 실제론 오랜 세월 화학비료와 제초제, 밭이랑을 덮은 비닐 더미에 치여 숨통이 멎어 있었다. 옥수수를 비롯해 몇 가지 작물이 자라고 있었지만 요소 비료를 한 줌씩은 써야 겨우 알을 맺을 것 같았다. 퇴비를 쓴다 한들 항생제가 한가득인 가축의 분뇨 정도이니 얼마 안 가 땅을 영영 못 쓰게 될 것이 자명했다.

나는 한동안 그곳에 머물며 생각했다. 애초에 내가 땅을 산 이유는 흙을 밟으며 자연과 생명을 가까이에서 느끼고 싶은 마음에서였다. 그런데 화학비료와 항생제로 멍든 땅에 씨를 뿌려 곡물을 거둔다 한들 그것이 과연 건강하겠는가. 병든 땅을 되살리지 않는 한 답이 없었다. 그러면 어떻게 해야 땅을 되살릴 수 있을까?

생각 끝에 나는 작은 텃밭을 가꾸고 싶다는 아내의 소망을 미룬 채 땅을 갈아엎기로 마음먹었다. 그리고는 작물들을 남김 없이 거둬 낸 다음 여기저기 수소문한 끝에 자작나무 묘목들을 들여왔다. 사방이 논밭인 그 땅에 나무를 심기로 결심한 것이다. 시간이 좀 걸리긴 하겠지만 나무뿌리가 한번 자리를 잡게 되면 흙을 되살릴 균근菌根이 모여들 테고, 그로 인해 병든 땅은 다시 크고 작은 생명들이 숨 쉬는 건강한 공간으로 탈바꿈할 것이 분명했다. 그리고 생명의 땅 대신 병든 땅이 내게로 온 데는 다 이유가 있지 않을까 하는 생각이 들었다. 그동안 아픈 나무들을 고치러만 다녔는데 땅을 고치게 될 줄이야.

하지만 소식을 접한 마을 사람들은 타지에서 온 사람이 문전옥답을 사들여 나무를 심는 것을 두고 매우 못마땅해했다. 무엇이든 심기만 하면 잘되는 땅인데 아무런 소출도 없는 나무를 심는다며 시비를 거는 이도 여럿이었다. 그때마다 나는 속으로 말했다.

'땅도 숨을 쉬어야 삽니다. 이 땅은 지금 많이 지쳐 있어요. 저를 믿고 조금만 지켜보시면 곧 좋은 일이 생길 겁니다.'

그렇게 마을 사람들의 눈총을 뒤로 한 채 나무를 심은 지 벌써 30여 년. 내 무르팍에도 미치지 못했던 어린 자작나무들은 해마다 성큼성큼 자라 20미터에 이르는 청년 나무로 성장했다. 묘목을 가져다 심고, 어린나무가 치이지 않게 풀을 솎아 주고, 때에 맞춰 적당한 간격으로 옮겨 주고, 저 혼자 튀어나온 곁가지들을 잘라 주면서 마치 아이 키우듯 긴 기다림의 시간을 보내고 나니 저희끼리 숲을 이뤄 다른 많은 생명을 품기 시작했다. 그들이 매년 떨어트리는 낙엽들로 흙은 다시 비옥해졌고, 주변은 온갖 생물들이 모여 사는 풍요로운 보금자리가 되었다. 병들어 가던 땅이 자작나무들로 인해 다시 살아나 생명의 땅으로 거듭난 것이다.

몇 해쯤 지났을까. 뜻밖의 선물이 찾아왔다. 사람의 손길이 닿지 않는 높은 곳까지 자란 자작나무 줄기에 샛노란 꾀꼬리들이 찾아와 둥지를 틀기 시작한 것이다. 이제 제법 튼실해진 자작나무 줄기들은 웬만한 비바람에도 끄떡하지 않고 둥지를 지켜주었고, 꾀꼬리들은 비옥한 땅에 숨은 벌레들을 연신 물어다 새끼들을 먹였다.

뿐만인가. 꽃이 채 피지 않은 3월이면 고라니들이 조심스럽게 내려와 농장 가장자리에 심어 놓은 원추리 잎을 뜯어먹기도 하고, 배고픈 멧돼지 식구들이 땅속의 구근과 지렁이를 먹고 가기도 한다. 땅을 샀을 때부터 소출을 거둘 욕심이 없었으니 넉넉한 인심으로 그들의 배를 채워 준다.

사람들은 내가 농장을 샀을 때 땅이 어땠는지 얘기하면 통 믿지 못하겠다는 눈치다. 돈 될 만한 작물을 심지 왜 나무를 심었느냐며 이해가 안 간다는 사람들도 여전히 있다. 하지만 나는 곡식 대신 나무 심은 일을 결코 후회하지 않는다.

고故 정주영 현대 회장은 생전에 "다시 태어난다면 나무를 심는 사람이 되고 싶다"고 말했다고 한다. 경제적 관점에서 한 이야기인지 개인적인 소망에서 한 이야기인지는 알 수 없지만, 내가 태어나 한 일 중 가장 보람된 일이 나무를 심은 것이다. 나무와 함께 찾아온 온갖 생명을 바라보며 한없는 보람을 느꼈다. 그동안 내가 누린 행복까지 생각한다면 더할 나위 없이 소중하고 감사한 시간이었다.

몇 년 전부터 아내와 나는 곧게 자란 자작나무 사이에 명이를 심고 있다. 울릉도 초기 이주민들이 이것을 먹고 목숨을 구했다고 해

자작나무 껍질은
종이처럼 하얗고 얇게 벗겨져서
사람들은 여기에다 편지를 쓰기도 했다.

서 '명命'이라는 이름이 붙은 풀이다. 그러고 보면 자작나무들로 인해 되살아나 생명을 품게 된 우리 농장에 참 잘 어울리는 풀이다. 가끔 농장을 찾아오는 손님들에게 명이나물을 내놓으며 나는 말한다. 직접 심은 나무가 자라는 과정을 지켜보는 건 정말 행복한 일이라고, 지금도 나는 이 모두가 신기하고 경이로울 뿐이라고. 이제는 나무 사이에 그물 침대를 걸고 누워도 다 자란 자작나무에게선 힘든 기색이 없다. 사람은 나무를 심고 나무는 사람을 키운다.

내 손으로 작은 집을 지으며 깨달은 것들

유년 시절 내 소원은 한 곳에서 오래오래 사는 것이었다. 1년에도 몇 차례씩 이삿짐을 싸야 하는 고단함이 싫었다. 동네 친구를 좀 사귈라치면 어느새 어머니 손에 이끌려 생판 모르는 곳으로 이사를 해야 했고, 어린 마음에도 남의집살이가 서러웠다. 그래서 어른이 되면 제일 먼저 내 집부터 마련하겠다고 결심했다. 하지만 나이를 먹고 결혼해 한 아이의 아빠가 되어서도 여전히 나는 그 소망을 이루지 못했다. 내 집은커녕 가진 돈이 턱없이 부족하다 보니 월세를 전전하며 단칸방 신세를 면치 못했다.

그렇게 서른을 훌쩍 넘긴 어느 여름, 나는 무턱대고 통나무집 학교에 등록했다. 말 그대로 통나무로 집 짓는 기술을 가르쳐 주는 곳이었다.

'세 식구가 다리 뻗고 자는 데 뭐 그리 큰 집이 필요할까. 언제가

되든 내 집을 가질 거라면 내 손으로 직접 지어 보자.'

생각해 보면 한 세대 전만 해도 사람들은 웬만큼 제집을 지을 줄 알았다. 뒤뜰 한구석에 소 키울 외양간을 만들거나 밭 한가운데 원두막 짓는 일 정도는 거뜬히 해내지 않았던가. 이 집 저 집 품앗이로 지붕에 새 볏짚을 이는 모습은 시골 마을에선 흔히 볼 수 있는 풍경이었다. 공사가 커지면 동네 목수를 부를지언정 내 손으로 필요한 공간을 마련하는 것은 그리 특별한 일이 아니었다.

일단 배워 보자는 마음으로 통나무집 학교를 다닌 지 3개월. 통나무를 쌓아 올리며 집을 만드는 과정이 고되긴 했지만 예상보다 훨씬 더 재미있었다. 무엇보다 배우는 내내 내가 살 집을 머릿속에 그리고 상상하는 일이 무척 즐거웠다. 그리고 서울에 있는 아파트나 빌라, 단독주택 등을 떠올릴 때는 돈이 없어서 집 살 엄두조차 나지 않았는데, 생각을 바꾸니 큰돈 없이도 집을 지을 수 있을 것 같았다.

그렇게 집 짓는 법을 배운 지 얼마 지나지 않아 정말 나는 내 손으로 직접 집을 짓게 되었다. 강원도 화천 농장에 작은 통나무집을 짓기로 결심한 것이다. 모든 것을 제대로 갖춘 집이 아니라 그저 방 한 칸이 전부인 오두막에 불과했지만 가슴이 설렜다. 우선 근처 산에서 간벌하고 수거하지 않은 짜투리 나무들을 실어 날랐다. 어차피 버려질 나무를 가져다 쓴다니 산주山主의 허락을 구하기도 쉬웠다. 그냥 두면 흙으로 돌아갈 나무들이 톱질 몇 번으로 단단한 벽과 기둥으로 변신했다. 나무와 나무를 단단히 엮어 줄 진흙은 동네 어르신들의 조언으로 숲에서 직접 퍼 왔다. 몇 자루가 되는 진흙 덩어리를 마른 풀과 섞어 두 발로 치대려니 꽤나 힘이 들긴 했지만 점점 꼴을 갖춰 가는 집을 보면서 괜히 마음이 뿌듯했다.

딱 하나 애를 먹은 건 방바닥에 놓을 구들장을 마련하는 일이었다. 시골이라도 이미 기름보일러가 널리 보급된 터라 구들장으로 쓸 만한 넓적한 돌을 구하는 게 생각만큼 쉽지 않았다. 며칠을 고민하고 있는데 그 마을에서 평생을 산 노인장이 넌지시 말했다.

"저기 산속에 있는 화전민 집터에 가 보시게. 집터 몇 곳을 돌면 구들장 몇 개쯤은 구할 수 있을 걸세."

외지 사람이 혼자 집을 짓고 있는 모습이 딱해 보였는지 노인장은 직접 경운기까지 운전해서 구들장 찾는 걸 도와주셨다. 노인장의 안내로 주인 없는 집터를 몇 군데 돌아보니 정말 내 집 바닥을 따뜻하게 덥힐 구들장은 충분히 마련할 수 있었다.

이제 남은 건 지붕. 그런데 지붕만큼은 욕심을 부렸다. 시멘트로 만든 기와나 아스팔트 쉬글을 얹으면 돈이 얼마 안 들지만 비싸더라도 천연의 얇은 돌 너와를 쓰고 싶었다. 물고기 비늘처럼 아름다운 돌 너와를 올리면 비를 맞아도 예쁘고 눈이 내리면 절로 운치가 있을 것 같았다. 수소문 끝에 폐가의 돌 너와를 수집해 판다는 중고상을 찾아가 값을 치르고 지붕을 얹었다.

그렇게 해서 나는 총 500만 원 정도를 들여 내 손으로 집을 지었다. 작고 볼품없을지라도 불을 땔 아궁이가 있고 통나무 벽에 돌 너와를 얹은 세상에서 단 하나뿐인 내 집을 지은 것이다. 집이 완성됐을 때의 뿌듯함은 이루 말할 수 없었다. 인간이 가장 기본적으로 해결해야 할 문제인 의식주 가운데 주住를 500만 원에 해결할 줄 누가 알았겠는가.

이른 새벽 아침 햇살을 자명종 삼아 눈을 뜨면 통나무 벽에 뚫어 놓은 작은 창으로 자작나무 숲이 안부를 묻는다. 운 좋은 날엔 나뭇가지에 앉아 쉬고 있는 작은 산새와 눈을 맞출 수도 있다. 그리고 굴뚝을 빼고는 흙과 돌과 나무로 지은 자연 친화적인 집이어서 그런지 하룻밤 자고 나면 몸도 마음도 개운하다. 은근하게 덥혀지는 구들장부터 투박하고 단단한 통나무 벽, 방 안의 공기를 안온하게 지켜주는 낮은 지붕까지, 머물수록 내게 위안이 되는 집이다. 그래서인지 언제부터인가 힘든 일이 생기면 어느새 통나무집으로 향하는 나를 발견하게 된다. 그곳에서 지친 몸을 누이고 쉴 생각만으로도 저절로 기분이 좋아지는 것이다.

통나무집을 본 친구들은 지게차를 불러다 떠 가고 싶다는 농담을 건네며 부러워한다. 그중 한 녀석은 비싸게 쳐줄 테니 그 집을 자기한테 팔라고 했다. 농담인 줄 알면서도 나는 정색하며 안 된다고 잘라 말했다. 정말이지 나는 도심 한가운데 자리한 값비싼 고층 아파트가 하나도 안 부럽다. 비록 500만 원짜리 집이지만 내 손때가 묻어 있는 그곳에서 나는 편안하게 쉬면서 다시 내일을 살아갈 힘을 얻는다. 그거면 충분하지 않은가.

오늘 하루가 어떤 하루일지는 나에게 달려 있다

주변 사람에 관심은 전혀 없고, 오직 성공만 쫓는 한 사내가 있다. 어느 날 그는 회사 일로 외딴 시골에 내키지 않는 출장을 떠난다. 함께 간 동료들을 다그쳐 일은 빨리 끝냈지만, 폭설로 발이 묶여 출장지에서 하룻밤을 묵게 된 그. 그런데 다음 날부터 그에게 이상한 일이 벌어진다. 라디오에서는 어제와 똑같은 멘트가 흘러나오고, 어제 소개받은 사람이 마치 처음 만난 것처럼 인사를 한다. 그때부터 그에게는 어제와 똑같은 오늘이 계속 반복된다. 처음 며칠은 이 기이한 현실을 즐긴다. 하지만 아침에 눈을 떠도 아무것도 달라지지 않는 상황에 점점 무료해지고 급기야 절망에 빠져 달려오는 자동차에 몸을 던진다. 하지만 날이 새면 어김없이 똑같은 하루가 시작되니 죽으려야 죽을 수도 없다.

빌 머레이가 주연을 맡은 영화 '사랑의 블랙홀'의 첫 부분이다. 영화는 남자가 우여곡절 끝에 지난날을 반성하고 새로운 내일을 맞는 해피 엔딩으로 끝난다. 그런데 만약 영화가 현실이 되면 어떨까? 아침에 눈을 떴는데 어제와 똑같은 하루가 끝없이 반복된다면?

나라면 절대 사양이다. 아무리 힘들어도 오늘이 어제와 다르고 내일이 오늘과 다르기 때문에 기대를 안고 살아갈 수 있는 것이 인생이다. 비록 오늘을 망친다 해도 내일은 괜찮겠지 하는 기대가 우리를 살게 하는 것이다. 그런 면에서 보자면 나이 들수록 사는 게 재미없는 이유는 변화 대신 안정을 택하기 때문이다. 입으로는 새로운 무언가를 기대한다고 하면서도, 정작 변화가 두려워 그 어떤 새로운 시도도 하지 않는다. 안정적인 날들은 어느 순간 뻔하고 지루하고 재미없는 날들로 둔갑하고 만다. 안정된 삶을 선택한 대가로 지루한 일상을 견뎌야 하는 것이다.

옛 사람들은 오래된 고목이 매해 꽃을 피우는 것을 두고, 제자리에서 한결같이 살아가는 나무의 품성을 칭송했다. 어떤 어려움에도 변함없이 제 모습을 지킨다는 이유로 나무를 동경의 대상으로 삼아왔다. 하지만 나는 변함없다거나 한결같다는 말이 조금 불편하다. 천 년을 하루처럼 변함없이 제 모습을 지킨다고 하지만 엄밀히 말해 지금 우리가 보고 있는 나무는 1년 전에 본 그 나무가 아니다. 생명을 이루는 가장 기본 단위를 세포라고 했을 때 나무를 이루는 세포 중 1년 이상 된 것은 극히 적기 때문이다. 나무는 매해 새로 잎을 만들고 떨구는 것은 물론, 성장을 위해 끊임없이 새 눈을 만들고 불필요한 곁가지들을 과감히 떨군다. 변하지 않는 듯 보이지만 어제와 다른 모습으로 변신을 거듭하며 살아간다. 매년 나무는 다시 태어나는 것이다.

그래서 같은 나무라 하더라도 자세히 관찰해 보면 잎의 형태와 크기, 수피의 색깔과 질감, 가지의 모양새 등 모든 형질에서 차이를 보인다. 똑같은 나무지만 산 위로 오를수록 키가 점점 작아지는 연속적인 변이를 보이기도 하고, 담쟁이덩굴의 경우 땅을 기어갈 때는 겹잎의 형태를 보이다가 담에 붙어 올라갈 때는 홑잎의 형태를 보인다. 환경에 따라 잎이 커지거나 작아지는 건 기본이고, 심지어 잎 모양 자체가 바뀌기도 한다.

한번 뿌리를 내리면 나무는 천재지변이 없는 한 아주 오랜 시간을 그 자리에서 살아간다. 그런 모습이 마치 고집스럽게 제 모습을 고수하려는 듯 보이기도 하겠지만 나무는 오히려 변화를 추구하는 속성을 가지고 있기에 끝내 살아남을 수 있다. 때에 따라서는 스스로 제 가지를 내치는 고통까지 감수한다.

어제와 다른 모습으로 오늘을 살아가는 나무들 곁에 머물다 보니 나도 나무를 닮아 가는 것일까. 나 또한 많은 변화를 거쳐 왔다. 나무 의사로 살겠다고 마음먹은 후 부족한 지식을 채우기 위해 끊임없이 책을 읽고, 여러 현상을 사진으로 기록했다. 더 많은 사람에게

나무와 함께하는 생태적 삶을 전하고 싶은 마음에 없는 말주변이지만 강연을 시작했고, 부족한 글솜씨지만 용기를 내 몇 권의 책을 쓰기도 했다. 나무 의사로 충실한 삶을 살기 위해 애써 온 시간이 결과적으로는 내 삶에 크고 작은 변화를 가져왔고, 그로 인해 인생이 풍요로워졌다. 또한 삶의 목적이란 결국 부단한 변화의 과정을 통해 '나다움'을 찾아가는 것임을 깨닫게 되었다.

사람은 누구나 어제보다 나은 오늘, 달라질 내일을 꿈꾼다. 하지만 마음만으로 달라지는 것은 아무것도 없다. 그렇다고 거창한 변화가 따라야 하는 것은 아니다. 작은 변화를 시도하는 오늘이 쌓여 어느 순간 달라지는 내일을 맞이하게 된다. 그렇게 본다면 결국 모든 것은 지금보다 조금은 더 나은 내일을 맞이하겠다는 작은 결심에서 비롯되는 게 아닐까. 자리를 탓하지 않고 주어진 환경 안에서 부단히 변모를 꾀하며 수백 년 살아가는 나무처럼 말이다.

날마다 하루는

반가운 초대

아침이 밝아 오면

새로운 삶이 당신을 기다린다.

눈부시고 다채로운 삶이.

낡은 하루가 가고

새 하루가 찾아왔다.

사람들은 고목을 보며
늘 한결같다고 생각하지만,
나무는 매해 잎과 곁가지들을 떨구며
어제와 다른 모습으로 변신한다.

오늘 하루가 어떤 하루일지는

당신에게 달려 있다.

가슴 짓누르는 부담으로

혹은 설레는 약속처럼 느낄 수도 있다.

나를 위한 날이 밝았다며 기뻐할 수도 있고

씻지도 않은 채 기운 없이 무덤덤할 수도 있다.

오늘의 삶을 스스로 선택해 본다.

안젤름 그륀 신부가 쓴 《하루를 살아도 행복하게》의 한 구절이다. 과거는 아무리 후회해 봐야 바꿀 수 없고, 내일은 어떤 일이 벌어질지 아무도 모른다. 하지만 나는 믿는다. 안젤름 그륀 신부의 말처럼 오늘 하루가 어떤 하루일지는 내게 달렸다는 것을. 그래서 나는 결심한다. 적어도 오늘은 후회 없이 살아보겠노라고.

더 나이 들기 전에
꼭 해야 할 일

나무 의사가 되기 위한 조건을 말해 보자면 첫째로 꼽는 것이 건강이다. 나무 의사는 직업의 특성상 산에 오를 일이 많고 추위나 더위에 상관없이 늘 밖에서 일해야 하기 때문이다. 다행히 나는 어릴 때도 그 흔한 감기조차 걸려 본 적이 없을 만큼 건강을 타고났다. 쉰이 넘은 나이에도 함께 산을 오를 때 나보다 훨씬 젊은 사람들의 짐까지 대신 들어 줄 정도였다.

건강을 자신하던 내가 나이를 의식하게 된 건 50대 중반에 다리 수술을 받고 나서부터였다. 수술 후 오랜 시간 재활 운동을 한 끝에 다시 산에 오를 수 있을 만큼 무릎은 회복되었지만, 그 후로는 무릎에 무리가 가는 일은 조심하게 되었다.

지하철이나 버스에서 빈자리가 났을 때 남의 눈치를 살피게 된 것도 그때부터다. 이전까지는 자리가 비든 말든 상관없이 서서 다녔는데 수술을 한 뒤로는 주위에 임산부나 연장자가 없는지 확인한 후 조용히 자리에 앉곤 한다. 아직 노약자석에 앉는 정도는 아니지만 다리가 한번 꺾인 뒤로 노년도 아니고 중년도 아닌 경계에서 서성이는 나를 발견한다.

사실 처음에는 그런 내가 낯설었다. 비단 무릎 수술 때문이 아니라 어느 정도 나이를 먹었으니 몸이 쇠약해지고 그에 따라 생활 방식도 바뀌는 게 당연하다. 하지만 얼마 전까지만 해도 거침없이 산과 들을 누비고 다녔기에 두 다리의 상태를 염려해야 하는 현실이 왠지 서글펐다. 나무 의사로 언제까지 일할 수 있을까 하는 의구심이 들기도 했다. 막상 닥치고 보니 몸의 노화를 받아들이는 게 쉽지 않았던 것이다. 그러던 어느 날 버스 뒷좌석에 앉아 창밖의 풍경을 무심히 바라보는데 문득 이런 생각이 들었다.

'산 정상에 올라 목표한 곳까지 이르렀으면 이제 남은 건 즐겁게 하산하는 일뿐, 어차피 하산을 해야 한다면 그동안 놓쳤던 풍경들을 천천히 살피면서 남은 산행을 의미 있게 마쳐야 하지 않을까.'

그래서 바쁜 나날을 보내는 동안 아쉬웠던 것이 무엇인지를 찬찬히 돌이켜 봤다. 생을 마감할 때 과연 무엇을 후회할지 따져 본 것이다. 생각해 보니 그간 나름 보람을 느끼며 살아왔지만 마음 한 켠에 체증처럼 나를 불편하게 하는 것이 있었다. 아무리 백방으로 뛰어다니며 아픈 나무들을 고친다 한들 사람들의 생각을 바꾸지 않는 한 나무의 운명은 바람 앞의 촛불이나 다름없다는 사실이었다. 보호수로 지정받을 가치가 충분한데도 땅 주인의 반대로 강제 이주를 당해 목숨을 잃은 나무를 본 일도 여러 차례였다.

생각이 거기에 미치자 나는 내 남은 삶의 초점을 나무에서 사람으로 바꿔 보기로 결심했다. 그간 나무를 돌보는 일에 집중했다면 이제부터는 더 다양한 방법으로 사람들에게 생태적 삶이 왜 필요한지, 나무 한 그루를 살리는 것이 어떤 의미인지를 알리는 일에 더 힘을 쏟겠다고 마음먹은 것이다.

가장 먼저 그동안 해 오던 강연의 틀을 다시 잡았다. 나무의 본성에 관해 알려 주던 강의를 보다 심층적인 생태 교육으로 확장했다. 나무의 습성을 가르쳐 주기에 앞서 사람도 자연의 일부라는 것, 그러므로 나무를 비롯한 모든 생명체는 지배의 대상이 아니라 함께 살아가는 동반자라는 사실을 알리기 위함이었다.

한편 내가 가진 경험과 노하우들을 보다 적극적으로 젊은 후배들과 나누기 시작했다. 그저 기계적으로 아픈 나무를 보살피는 것을 넘어 나무가 사람과 동등한 생명체임을 분명히 인식하고, 이 세상 모든 생명과 더불어 살아가는 생태적 삶을 꿈꾸게 만들고 싶었다.

그렇게 마음을 다잡은 지 어느덧 10년, 이제 나는 내 나이를 받아들이기로 했다. 나무를 직접 돌보는 일은 예전보다 줄었지만, 그것이 더 이상 서글프지 않다. 몸의 노화로 일을 줄일 수밖에 없지만 강연을 자주 다니며 또 다른 인생을 살고 있기 때문이다. 얼마 전에는 어린아이를 둔 젊은 부모들을 대상으로 유아 숲 놀이 프로그램을 직접 만들어 시연하기도 했다. 태어날 때부터 흙 한번 밟아 볼 기회 없이 자라는 아이들에게 조금이라도 자연과 더불어 사는 즐거움을 일깨워 주기 위해서였다. 내가 한 교육으로 인해 얼마나 많은 부모가 아이를 데리고 숲을 찾을지는 알 수 없지만, 이 땅의 아이들이 자연과 더불어 자라는 데 작은 보탬이 되었다는 생각에 여간 뿌듯하지 않았다. 더 빨리 아이들을 위한 생태 교육에 적극적으로 나서지 못한 게 아쉬울 정도다.

그래서 나는 요즘 중년층을 만날 때마다 이렇게 말하곤 한다. 지금까지 어떤 위치에 오르기 위해 살아왔다면 지금부터는 가치를 추구하며 살아 보라고 말이다. 올해로 100세를 넘긴 김형석 연세대 명예교수는 모 언론사와의 인터뷰에서 이런 말을 남겼다.

"젊었을 때는 즐겁게 사는 것이 목표이고, 장년기에는 일에서 성공하는 게 목표이지요. 그런데 나무도 마지막에는 열매를 맺어야 하지 않습니까? 인생도 후반기에 들면 사회를 위해 열매를 맺어 줄 때라고 봐야지요. 그러니까 앞으로 내 목표가 있다면 여러분들이 좀 더 인간답게 살아가는 데 내가 도움이 됐으면 좋겠다, 그거죠."

그는 자신의 전성기를 98세로 꼽으며, 그 이유를 사람들을 위해 두 권의 책을 펴내고 160회 이상 강연을 했기 때문이라고 말했다. 생을 통틀어 선한 영향력을 가장 많이 펼친 해였다는 뜻이다.

그렇다면 내 전성기는 아직 오지 않았는지 모른다. 아직까지는 해야 할 일이 많이 남아 있다는 생각이 들기 때문이다. 나이 들어 내가 가진 것을 누군가와 나누는 일은 아무리 하찮은 것이라도 의미가 있다. 그래서 나는 곰곰이 생각해 본다. 남은 인생에서 내가 할 수 있는 일이 무엇인지를 말이다.

Chapter 4

나무와 더불어 사는 즐거움

I learned life from trees.
The essential life
lessons from trees,
the oldest and wisest
philosophers in the World.

무인도에 살게 된다면 데려가고 싶은 나무

붉나무

한번 상상해 보자. 어느 날 갑자기 천재지변으로 지구상의 모든 생명체가 사라지고, 황량한 잿더미 가운데 나 혼자 살아남았다. 절망에 빠져 있는 내게 신이 말한다. 앞으로 죽을 때까지 오직 나무 한 그루와 더불어 살 수 있도록 허락할 테니 어떤 나무와 함께할지 말해 보라고. 당신이라면 어떤 나무를 선택하겠는가?

나무마다 고유한 가치를 지니고 있기에 우열을 가릴 수는 없지만 만일 딱 한 그루의 나무와 살아야 한다면 나는 붉나무를 택하고 싶다. 수형이 아름답거나, 목재로 쓰임새가 유용하거나, 꽃이 유난히 예쁘거나, 향이 매혹적이어서가 아니다. 겉으로 드러나는 모양이나 쓰임새만 놓고 보자면 붉나무는 그다지 매력 없는 나무일지 모른다. 그럼에도 불구하고 내가 평생 함께할 반려 나무로 붉나무를 꼽는 이유는 다른 데 있다.

깊은 숲속이나 산꼭대기에서만 볼 수 있는 나무가 있듯 사람 곁에 머물며 도시 속에 살아가는 나무도 있다. 그중 유독 야성적인 나무가 바로 붉나무다. 도시 어디든 아주 좁은 틈만 있으면 대체 어떻게 뿌리를 내렸는지 어느새 고개를 내민다. 하천 제방이나 도로 비탈면, 빈집의 마당, 오래된 보도블록 사이, 심지어는 축대의 빈틈까지 조금이라도 빈 공간이 있으면 슬그머니 발을 들여놓고는 시치미를 뚝 떼고 잘도 자란다. 이왕 뿌리를 내릴 거면 비옥한 곳을 찾아가면 좋으련만, 붉나무는 햇볕이 너무 뜨거워 다른 식물들은 감히 엄두도 못 내는 나대지부터 공사가 한창 진행 중인 도로 한 귀퉁이까지 당최 가리는 곳이 없다. 오죽하면 사람들이 개발한다고 밀어 버린 산 경사면에 능청맞게 자리 잡고는 아래로 흘러내리려는 흙더미를 제 뿌리로 꽉 부여잡고 꿋꿋이 버텨 낼까. 그래서 나는 붉나무를 '녹색 게릴라'라고 부른다.

어떻게 보면 참 미련하다. 빈 땅만 찾아다니는 개척 식물은 많지만 당장 내일 갈아엎어질지도 모를 공사판에 천연덕스럽게 들어가 푸른 잎을 피워 내기로는 붉나무가 거의 1등이라고 볼 수 있다. 실제로 붉나무는 오늘 하루가 인생의 전부라도 되는 듯 지금 이 순간 싹을 틔우고 가지를 뻗는 데만 온 힘을 쏟는다. 한창 도로를 닦고 있는 한여름의 공사 현장에서 푸른 잎을 뻗고 있는 모습을 보고 있으면 "여보시오, 아무리 당신들이 훼방을 놓아도 나는 절대로 물러서지 않을 거요!" 하는 붉나무의 씩씩한 외침이 들리는 듯하다. 붉나

무는 생을 마감할 운명에 처하면 인근의 또 다른 빈터로 조용히 자리를 옮긴다.

사라진 듯 보였는데 근처의 또 다른 나대지에 소리 소문 없이 싹을 틔운 붉나무의 미련한 모습에 고개를 내젓는 이도 있다. 하지만 녀석 덕분에 고층 건물들이 빽빽이 들어선 회색 도시가 초록의 싱그러움을 지닐 수 있는 건 아닐는지. 그래서 붉나무는 녹색 게릴라임과 동시에 평화의 게릴라, 생명의 게릴라이기도 하다. 녀석의 미련스럽고 끈질긴 생명력은 풀 한 포기 자라지 않는 사막 한가운데서도 빛을 발하지 않을까 싶다.

그리고 붉나무에 관한 알려지지 않은 비밀 하나. 아무 데서나 막 자란다고 천덕꾸러기 취급을 받기도 하지만 사실 예전에 붉나무는 천금목千金木이라는 귀한 이름으로 불렸다. 천금을 주어야 할 만큼 아주 귀한 나무라는 뜻이다. 그 비밀은 바로 열매에 있다. 붉나무는 팥알만 한 동그란 열매를 헤아릴 수 없이 많이 맺는데, 가을이 되면 열매의 겉이 밀가루를 뒤집어쓴 것마냥 하얗게 변한다. 그런데 하얗게 변한 부분이 익으면 익을수록 짠맛이 나서, 소금이 귀하던 시절에는 열매를 잘 말려 뒀다가 소금 대신 쓰기도 했다.

인부들이 땀을 흘리는 건축 현장의 한 귀퉁이에서 먼지를 뒤집어쓴 채 자리를 지키는 붉나무를 볼 때마다 나는 "삶이 그대를 속일지라도 결코 노여워하거나 슬퍼하지 마라"라는 푸시킨의 시구가 떠오른다. 삶의 음지를 양지로 바꾸는 건 결국 마음에 달린 일이므로 우리는 주어진 오늘 하루를 최선을 다해 즐겁고 씩씩하게 살아가야 한다는 사실을 말없이 일러 주는 듯하다. 세상이 내 맘 같지 않아서 '내가 이 모양인 건 다 세상 탓이고 빌어먹을 환경 탓이고 남의 탓'이라고 말하고 싶을 때는 녹색 게릴라 붉나무를 한 번쯤 떠올려 보면 어떨까.

어느 외딴곳에 떨어져 혼자 살아가야 할 때도 붉나무가 곁에 있다면 삶을 포기하고 싶다는 말을 감히 할 수 없을 것 같다. 더욱이 가을에 한가득 달리는 열매를 소금 대신 쓸 수도 있으니 평생을 곁에 두고 함께할 나무로 충분하지 않을까.

단점이 다 열등감이 되는 건 아니다

먼나무

제주도는 1년 열두 달 어느 계절에 찾아도 아름답다. 육지에서는 볼 수 없는 이국적인 나무들이 화려한 자태를 뽐내고, 나무들이 앙상한 가지를 드러내는 추운 겨울에도 늘 푸른 나무들로 뒤덮여 있다. 한껏 차려입은 나무들의 화려한 파티 같다고 할까. 웬만한 나무들은 명함도 못 내밀 정도다.

그런데 나무들의 천국 제주도에 겨울철이면 유독 이름을 묻게 되는 나무가 있다. 나만 해도 지인들과 함께 제주도에 내려가면 동행 중 누군가로부터 꼭 그 나무에 대한 질문을 받곤 했다.

"이 나무가 뭔(먼) 나무인가요?"

"먼나무요."

"네?"

말장난 같지만 이름이 진짜 먼나무다. 먼나무는 짙은 회갈색의 매끈한 수피가 줄기부터 가지까지 고르게 덮인 단정한 모양새를 갖췄는데 광택이 도는 도톰한 잎이 수줍은 듯 안으로 살짝 접혀 있어 다른 나무와 구별된다. 초여름 작고 귀여운 자주색 꽃이 곱게 피는데 제주도의 여름을 화려하게 장식하는 다른 나무들과 비교하면 그리 눈에 띄는 편이 아니다.

그렇다면 대체 어떤 매력이 있길래 보는 사람마다 이름을 묻는 걸까? 사람들의 시선을 사로잡는 먼나무의 진짜 매력은 수형이나 꽃이 아닌 열매에 있다. 가을이면 잎 겨드랑이에 콩알만 한 붉은 열매가 무리 지어 열리는데, 한겨울을 지나 봄이 올 때까지 나무 전체를 뒤덮는다. 붉은 열매를 맺는 나무가 더러 있지만 대부분 열매는 겨울이 오기 전에 떨어지므로 겨울에는 오직 먼나무의 열매만이 제 모습 그대로 매달려 있다. 늘 푸른 나무들이 지천인 제주 겨울의 화룡점정이라고 할까. 10월부터 보이기 시작하는 붉은빛은 갈수록 짙어져 12월께 절정에 이르며, 행여 눈이라도 오면 흰 눈을 배경으로 초록 잎 사이로 비치는 붉은 열매의 매혹에 꼼짝없이 빠져들게 된다.

나무들의 화려한 향연이 끝나 가는 가을 무렵 이때를 위해 참아왔다는 듯 색다른 변신을 하는 먼나무. 그런데 그 변신이 참 영리하다. 꽃으로는 다른 나무와 겨뤄 승산이 없으니 다른 나무들이 모두 쉬고 있을 때 눈에 띄는 새빨간 열매로 사람들의 시선을 끈다. 그런데 먼나무가 한겨울에 붉은 열매를 매달고 있는 이유는 따로 있다.

단적으로 말해 후손을 남기기 위한 가장 확실한 비책이라고 할까.

움직일 수 없는 나무가 더 먼 곳까지 후손을 남기려면 자신을 대신해 씨앗을 옮겨 줄 존재가 절대적으로 필요하다. 대표적인 예가 하늘을 날아다니는 새다. 나무는 새들에게 질 좋은 먹이를 주는 대신 새가 씨를 가져가서 더 멀리 뿌려 주기를 바란다. 나무와 새의 이런 암묵적인 거래는 찬 바람이 불기 시작하면 끝이 난다. 나무가 한 해 농사를 마치고 다음 해를 준비하는 겨울이 되면 새들은 먹을 게 없어 굶주림과 싸워야 한다. 이때 한겨울 내내 탐스러운 열매를 가득 달고 있는 먼나무는 새들에게 눈물 나게 고맙고 소중한 곡식 창고다. 더욱이 새의 눈은 파장이 긴 빨간색에 유독 민감한데, 그걸 아는 먼나무는 붉은색으로 새들을 유혹한다. 모양새나 꽃으로는 다른 나무에게 밀릴 게 뻔하니 한겨울의 붉은 열매라는 확실한 전략으로 자신의 매력을 맘껏 뽐내는 것이다.

나는 먼나무를 보면 유독 키가 작았던 초등학교 동창생이 한 명 떠오른다. 그는 늘 내 키를 부러워하면서도 "두고 봐, 결국엔 내가 더 클 테니까"라고 밥 먹듯이 말하곤 했다. 몇 년 전 인사동 근처에서 술을 먹고 있는데 누군가 아는 체를 해서 돌아보니 그 녀석이었다. 어릴 때 얼굴이 남아 있어서인지 연락이 끊기고 몇 십 년이 지나 만났는데도 신기하게 금방 알아볼 수 있었다. 반가운 마음에 술 한잔을 기울이며 이런저런 얘기를 나누었다. 그런데 녀석이 갑자기

자기 아내 자랑을 하기 시작했다. 자기보다 키가 크고 예쁘단다. 이 녀석은 여전히 키 얘기구나 싶어 속으로 웃고 있는데, 신이 난 건지 자기가 아내와 결혼하게 된 스토리를 늘어놓았다.

"내가 키가 작으니까 소개팅을 해도 결국엔 잘 안 되더라고. 그래서 작전을 짰지. 먼저 가서 기다리고 소개팅이 끝나서 헤어질 때까지 어떻게든 자리에서 일어나지 않는다. 첫 만남에서 절대 키를 보여 주지 않는 거지. 내가 키가 좀 작아서 그렇지 얼굴은 괜찮잖아. 반한 다음에야 키가 무슨 문제겠어. 안 그래?"

나야 어릴 때부터 남들보다 한 뼘이 컸고, 지금도 키가 180센티미터를 넘다 보니 키에 대해서 고민해 본 적이 없다. 하지만 또래에 비해 한참 작았던 그 친구에게 키는 참 어쩌지 못하는 속상한 문제였을 것이다. 작은 키로 인한 열등감으로 인간관계에 어려움을 겪는 사람들을 종종 봐 왔다. 그런데 왠지 그 녀석은 어릴 때도 그렇고 지금도 걱정이 별로 안 된다. 자신의 단점을 스스로 꺼내놓을 수 있는 사람은 결코 약한 사람이 아니기 때문이다. 단점은 절대 들키지 않으려고 꽁꽁 숨기려고 할 때 오히려 열등감이 되어 더 큰 문제를 일으킨다.

그 친구만 봐도 그렇다. 그에게 작은 키는 분명 단점이었지만 그 때문에 열등감에 빠지지는 않았다. 열등감에 사로잡혀 누가 건드리기라도 하면 예민하게 반응하고, 상처를 입고 아파하는 대신 그 시간에 자기만의 매력을 발산할 방법을 고민했다. 먼나무도 마찬가지다. 모양새나 꽃으로는 다른 나무들과 견주어 승산이 없지만 그것 때문에 슬퍼하거나 누군가 자신을 먼저 알아봐 주기를 마냥 기다리지 않았다. 오히려 적극적으로 자신만의 매력을 찾아 어필했다. 그래서 친구와 먼나무는 둘 다 목표를 이루었다.

그러고 보면 작은 키와 별 볼 일 없는 외모는 작은 약점일 뿐 큰 문제가 아니다. 그 작은 약점을 커버할 반전 매력이 있느냐, 없느냐가 더 문제인 것이다. 예쁘고 잘생긴 사람에게 호감이 가는 건 인지상정이지만 막상 만나서 다른 매력을 찾을 수 없으면 오히려 실망이 더 큰 법이다. 그러므로 중요한 건 단점 그 자체가 아니라 그것을 스스로 어떻게 받아들이고 극복하느냐이다. 단점을 열등감이라는 괴물로 키우는 건 다른 사람들이 아니라 바로 나 자신이기 때문이다.

봄부터 한여름까지 화려한 나무들 사이에서 단아하게 숨죽이고 있다가, 어느 순간 여봐란듯 자신만의 반전 매력으로 세상의 이목을 끄는 먼나무를 보면 '아하!' 하고 무릎을 치게 된다. 멋있는 나무라서 멋나무에서 출발해 먼나무가 되었다는 설에 왠지 수긍이 간다. 먼나무의 목소리가 들리지 않는가. 단점, 그것은 아무것도 아니다. 그러니 괜히 단점 때문에 움츠러들고 겁먹지 말기를.

멀리 가려면
함께 가야 한다

메타세쿼이아

가끔씩 나는 사진작가들과 함께 나무 사진을 찍으려고 산행을 한다. 나는 그들에게 사진을 잘 찍는 법에 대해 조언을 듣고, 그들은 내게서 피사체인 나무에 대해 배운다. 올해 봄 오랜만에 몇몇이 출사 계획을 잡았는데 참석자가 갑자기 늘어 버스까지 대절하게 됐다. 새벽같이 출발했지만 버스가 강남에 이르니 길이 막히기 시작했다. 언제고 뚫리겠지, 하며 느긋한 마음으로 잠을 청하려는데 누군가 소리를 질렀다.

"우와, 선생님. 저 나무들 좀 보세요. 높이가 아파트 꼭대기를 넘어선 게 꼭 정글 같아요. 아니, 도시 한복판에서 나무가 어떻게 저렇게까지 자랄 수 있죠? 그것도 비좁은 아파트 사이에서요."

그가 가리킨 곳을 보니 정말 오래된 아파트 단지에 꽤 많은 나무가 군집을 이루고 있었다. 사람들의 시선을 잡아 끈 나무는 다름 아닌 메타세쿼이아였다.

메타세쿼이아는 도시 개발이 활발히 이뤄지면서부터 도로변에 심긴 우리나라 가로수의 대표 주자다. 가로수는 도로를 달리는 운전자의 눈 피로를 덜어 주고, 보행자들에게 시원한 그늘을 제공하며, 또 그 존재 자체로 도시 미관에 한몫한다. 그래서 아무 나무나 가져다 심을 수가 없다. 말하자면 우리가 도로변에서 흔히 보는 은행나무나 플라타너스, 메타세쿼이아 등의 가로수는 나름 선택된 수종인 셈이다.

하지만 이제 도시의 나무들이 점점 설 자리를 잃고 있다. 무성한 가지와 잎이 건물 간판과 창문을 가리고, 가을에 떨어지는 낙엽들이 하수구를 막고, 길게 뻗은 뿌리가 지하의 배수관을 망가뜨리거나 보도블록을 들어 올린다는 이유로 아예 나무를 뽑아 버리거나 몸뚱이만 남겨 놓고 굵은 가지를 몽땅 쳐 낸다. 보기 좋다고 심을 땐 언제고 이제 와 성가시다며 천덕꾸러기 취급을 하니 나무 앞에 설 때마다 나는 할 말이 없다. 그런데 이런 가슴 아픈 현실에도 불구하고 메타세쿼이아가 20미터 넘게 아파트 옥상 높이까지 자랄 수 있었던 이유는 뭘까? 나는 하늘 높이 치솟은 메타세쿼이아를 신기하게 바라보는 사람들에게 조용히 설명을 이어 갔다.

"저 나무는 도시에서 흔히 볼 수 있는 메타세쿼이아예요. 메타세쿼이아가 저렇게 크게 자라는 건 도심이어서 빌딩이 많기 때문입니다. 아마 아파트가 곁에 없었더라면 저렇게 높이 자라지는 못했을 거예요."

대부분의 침엽수는 찬 바람이 몰아치는 동토의 땅에서 태어나 살아왔다. 나무가 살 수 있는 북쪽 한계의 숲을 타이가라고 부른다. 타이가는 영구동토층 위에 형성되어 있으며 1년 중 100여 일의 여름을 제외하고는 늘 눈과 얼음으로 뒤덮여 있다. 나무가 살아가기엔 너무 척박한 환경인 것이다. 그러다 보니 그곳의 나무들은 저 혼자의 힘만으로는 곧게 자랄 수 없다. 저 멀리 지평선에서 들어오는 얼마 안 되는 빛이라도 받으려면 최대한 높게 자라야 하는데 저 혼자 독불장군처럼 자라서는 사시사철 불어오는 강풍을 당해 낼 재간이 없기 때문이다. 뿌리라도 깊게 내릴 수 있으면 좋으련만 한여름에도 지하 일정한 깊이에 얼음층이 있어 그마저도 요원하다.

그래서 이들이 택한 방법은 연대다. 땅 위로는 마치 황제펭귄의 겨울나기처럼 꼭 붙어서 먼 곳에서 불어오는 외풍을 함께 견디고, 땅속으로는 뿌리가 서로 단단히 연결돼 그물망처럼 흙을 움켜잡고 있다. 마치 땅속줄기가 서로 이어져 한 몸을 이루는 대나무처럼 말이다. 만일 타이가 지대의 침엽수들이 저 혼자 자라기를 고집했다면 거센 눈보라를 견디지 못하고 성목이 되기도 전에 쓰러지고 말았을 것이다.

그런 면에서 보자면 강남의 오래된 아파트 곁에 심긴 메타세쿼이아는 타이가 지대 침엽수들의 후예로서 그 특성을 잘 간직하고 있

다. 그들의 선조가 그랬던 것처럼 서로의 존재에 의지해 하늘 높이 자라던 습성을 그대로 지니고 있는 것이다. 그들에게 아파트는 해를 가리는 장애물이 아니라 외풍을 함께 이겨 낼 든든한 동료다. 사각의 프레임 안에 갇힌 뿌리는 바로 곁에 있는 메타세쿼이아와 연대해 부족한 흙을 단단히 움켜잡았고, 자신들을 둘러싼 낡은 아파트에 의지해 무럭무럭 자랄 수 있었다.

나는 사진작가들과 산행을 다녀온 얼마 뒤, 정글처럼 무성히 자란 메타세쿼이아 나무들을 다시 찾았다. 시간을 두고 찬찬히 살펴보니 우듬지 끝이 우열을 가릴 것 없이 가지런하다. 아파트는 자랄 수 없으니 이제는 저희끼리 의지해 쑥쑥 자라고 있다.

일정한 간격을 유지한 채 서로 의지하며 자라는 그들을 보며 '멀리 가려면 함께 가라'라는 아프리카 속담이 떠올랐다. 누구에게나 자기만의 인생이 있고, 각자에게 주어진 삶의 여정은 오로지 자기 몫이라고들 한다. 하지만 나는 홀로 섬이 모든 문제를 혼자 해결해야 한다는 의미라고는 생각지 않는다. 아니, 애초에 그것은 불가능하다. 최선을 다해 스스로 해결하되 도저히 혼자서는 해결할 수 없을 때는 기꺼이 다른 사람의 손을 잡을 수 있어야 한다. 그게 진짜 자립이 아닐까.

타인을 믿지 못해 모든 것을 혼자 해내려는 마음, 타인을 도움을 주고받는 대상이 아닌 그저 경쟁자로만 바라보는 마음은 그렇지 않아도 힘든 인생을 더욱 고달프게 한다. 그럴 때는 아파트 옥상과도 어울리고, 저희들끼리도 어울릴 줄 아는 메타세쿼이아가 하는 말에 한 번쯤 귀 기울여 볼 일이다.

올 테면 와 봐라, 내가 질 것 같으냐

버즘나무

우리나라 가로수 중 가장 흔하게 보이는 나무가 무엇일까? 이 질문에 가장 많이 거론되는 나무는 바로 플라타너스다. 도시에 사는 사람이라면 누구나 한 번쯤 넓은 플라타너스 그늘 아래서 한여름의 뙤약볕을 피해 본 경험이 있을 것이다. 여름의 시원한 그늘만 좋은 게 아니다. 가을이면 플라타너스는 노란빛이 도는 따뜻한 갈색의 낙엽을 떨어뜨려 삭막한 도심 거리를 낭만적으로 장식하기도 한다. 어디 길거리뿐일까. 학교 교정에 한두 그루씩 자리 잡은 플라타너스는 도로에서와 달리 가지가 잘릴 일이 없는 탓에 본연의 풍성한 자태를 마음껏 뽐낸다.

그런데 플라타너스의 우리말 이름이 버즘나무라는 사실을 아는 사람은 많지 않다. 플라타너스가 처음 우리나라에 들어왔을 때 껍질이 벗겨져 허연 속살이 얼룩덜룩 보이는 수피가 얼굴에 피는 버짐(버즘)과 비슷하다고 해서 붙은 이름이다.

지금 젊은 세대에게는 호랑이 담배 피우던 시절의 이야기처럼 들리겠지만 40~50년 전에는 먹을 것이 없어 허연 버짐을 달고 사는 아이가 꽤 많았다. 얼굴에 버짐이 있는지 없는지를 두고 집안 형편을 가늠한다는 우스갯소리가 떠돌 정도였다. 하고많은 이름 중에 왜 하필 그런 지저분한 이름을 가져다 붙였느냐는 반발(?)이 늘어서일까. 이제는 플라타너스라는 원명이 훨씬 더 널리 쓰이지만 나는 버즘나무라는 우리말 이름이 더 좋다.

비록 끼니 걱정을 할 만큼 어렵던 시절이었지만 마른 버짐이 허옇게 핀 아이들의 얼굴은 늘 밝고 씩씩했다. 자기 먹을 게 부족한 마당에도 아이들은 점심 때 도시락을 싸 오지 못한 친구를 보면 보리밥에 김치뿐이라도 제 도시락을 나눠 먹었다. 형편이 부족해 상급학교에 진학하지 못하고 바로 생업 전선에 뛰어든 친구도 있었지만 그들 역시 오늘보다 나은 내일을 꿈꾸며 하루하루 최선을 다했다. 그 어떤 순간에도 희망의 끈을 놓지 않았다고 할까. 그렇게 얼굴에 버짐을 달고 살던 아이들이 자라 오늘날의 눈부신 성장을 이루었다고 해도 과언이 아닐 것이다.

집안 형편이 어려워 학업을 포기하고 일찌감치 자동차 부품 공장에서 일을 배운 친구가 있었다. 열심히 일한 끝에 수출까지 하는 중소기업 사장이 되었는데 예기치 않게 찾아온 외교 문제로 수출 길이 막히는 바람에 그만 부도를 맞게 되었다. 지금까지 이뤄 낸 모든 것이 수포로 돌아갔으니 그 심정이 오죽했을까. 하지만 걱정스러운 마음에 연락해서 만난 그의 표정은 의외로 담담했다.

"쌀이 동나 밥을 굶던 게 엊그제 같은데 이게 뭐 대수라고. 그래도 지금은 끼니 거르는 일은 없으니 얼마나 다행이야. 안 그래?"

사지육신이 멀쩡하니 손맛 좋은 아내와 함께 작은 분식집이라도 차려 볼 생각이라는 그를 보며 나는 공해에 찌든 도시 한복판에서 늘 푸른 잎을 피워 내는 버즘나무를 떠올렸다. 미세먼지로 푸른 하늘을 보기가 어려운 요즘, 버즘나무들은 제 한 몸 건사하기도 힘든 마당에 천연의 공기청정기 노릇까지 해 가며 푸른 잎을 피워 낸다. 버즘나무에겐 미안한 말이지만 천상 가로수로 살기 위해 태어난 게 아닐까 싶을 정도다.

하지만 우리 눈에 늘 싱그러운 버즘나무의 삶은 보기와 달리 무척 치열하다. 나는 서울에 갈 때마다 지하철역 근처에 자리한 버즘나무 줄기에 가만히 귀를 대 보곤 한다. 그러면 뭔가 웅웅대는 소리를 들을 수 있다. 다름 아닌 도심을 통과하는 지하철의 진동 소리다. 척박한 환경에 사는 가로수의 운명상 버즘나무는 늘 주변의 변화에 민감하다. 하지만 도심 한가운데에 있으면 하늘 높이 치솟은 건물에 가려 바람의 흐름도, 햇볕의 움직임도 제대로 알아챌 수 없다. 그래서 선택한 전략이 길게 뻗은 뿌리를 통해 주변의 움직임을 느끼는 것이다. 버즘나무의 뿌리들은 얼마 되지 않는 땅속의 흙을 단단히 움켜쥐고 있다. 갈수록 더해지는 시련에 맞서 "그래, 올 테면 와

봐라, 내가 질 것 같으냐" 하고 항변하듯 말이다.

어느 술집에 가니 그런 문구가 있었다. '날씨야 아무리 추워 봐라 내가 옷 사 입나! 술 사 먹지.' 함께 갔던 지인과 맞는 말이라며 껄껄댔는데 버즘나무를 보면 왠지 그 문구가 떠오른다. 비록 줄기 전체에 허연 버짐을 얹고 있지만 열악한 환경에 굴하지 않고 항상 씩씩하고 푸르게 살아가는 버즘나무를 보고 있으면 괜스레 기분이 좋아진다.

북한에서는 버즘나무를 방울나무라고 부른다고 한다. 낙엽 진 늦은 가을 기다란 끈에 대롱대롱 달린 열매가 방울처럼 귀엽다고 해서 붙은 이름이란다. 만일 통일이 되면 나무는 플라타너스와 버즘나무와 방울나무 중 어떤 이름으로 불리게 될까. 나는 버즘나무로 불렸으면 좋겠다. 버즘나무에게서 "이깟 어려움쯤 뭐가 대수라고. 조금만 더 힘내서 살아 보자고!" 하는 응원의 말을 늘 듣고 되새기고 싶기 때문이다.

괜찮습니다.
느리면 좀 어떻습니까?

소나무

한 여론조사 기관이 2004년과 2014년 두 차례에 걸쳐 만 13세 이상 일반인에게 가장 좋아하는 나무를 물었는데 두 번 다 소나무라는 답변이 가장 많았다. 불과 100년 전만 해도 작은 반상부터 장롱까지 각종 가구를 만들 때 소나무를 즐겨 썼고, 먹을 것이 없을 때는 속껍질을 벗겨 먹기도 했다. 지금도 소나무는 산과 들 어디서나 쉽게 볼 수 있을 만큼 친숙하고, 건물 조경수로도 가장 많이 찾는 나무 중 하나다.

소나무와 우리의 인연은 지금으로부터 4000년 전, 우리 선조들이 한반도로 내려오면서부터 시작됐다. 한반도에 정착한 선조들이 주변 숲을 개간해 집과 밭을 일구고 나무를 연료로 쓰면서 소나무는 점점 세를 넓혀 갔다. 사람들이 크고 작은 전쟁을 벌여 숲이 파괴되면 오히려 소나무는 파괴된 숲 사이로 자신의 영토를 더욱 확장했다. 소나무는 햇볕을 많이 받아야만 잘 자랄 수 있기 때문에 사람들에 의해 파괴된 숲은 소나무가 자라기에 더할 나위 없이 좋은 조건이었다.

이렇듯 오랜 역사의 소용돌이 속에서도 기세 좋게 자리를 넓혀가던 소나무가 우리나라를 대표하는 나무로 우뚝 서게 된 것은 조선시대에 들어서면서부터다. 왕가를 비롯해 관청이나 양반의 가옥을 지을 때 소나무는 없어서는 안 될 귀한 재료였다. 반가의 상징이랄까. 소나무는 조선 후기를 거쳐 일제강점기에 이르기까지 숱한 위기 속에서도 우리 곁에서 늘 푸른 모습으로 희망을 주는 나무였다.

소나무가 한민족을 상징하는 나무로 자리 잡게 된 것은 이렇듯 역사적 흐름과 무관하지 않지만, 가장 큰 이유는 다른 어떤 나무와도 견줄 수 없는 그만의 강인함 때문일 것이다. 소나무는 해만 충분히 들면 산꼭대기 바위틈에서도 꿋꿋이 살아가는 질긴 생명력을 지녔다. 대체 그 강인한 생명력은 어디에 기인한 걸까?

소나무는 보통 나무들과 자라는 방식이 다르다. 대부분의 나무는 봄에 새싹을 틔우고 나면 여름을 지나 가을까지 계속 가지가 자란다. 딱히 병충해나 폭풍우 같은 위기를 맞지 않는다면 앞날을 크게 염려하지 않고 무럭무럭 성장을 거듭하는 것이다. 반면 소나무는 이른 봄부터 여름이 오기 전까지 딱 한 마디만 자란 뒤 생장을 멈춘다. 그래서 소나무는 마디만 세면 나이를 알 수 있다. 다양한 나무의 삶을 칼로 무 자르듯 나누는 것이 썩 바람직하지는 않지만, 편의상 사람들은 전자를 자유생장, 후자를 고정생장이라고 부른다.

그렇다면 소나무는 왜 고정생장을 택한 걸까? 자유생장을 택한 나무들은 자라는 속도가 빠른 대신 그만큼 대가를 치러야 한다. 대나무나 오동나무처럼 속이 빈다든지, 속이 차 있어도 목질이 물러서 조그만 위협에도 쓰러지기 쉽다. 하지만 1년에 딱 한 마디씩 생장하는 소나무는 천천히 자란 덕에 속을 꽉 채우므로 천 년의 풍상을 견뎌 낸다.

하지만 무리 지어 경쟁적으로 자라는 속성수들 틈에서 느림만을 고집해서는 성장에 꼭 필요한 햇볕을 제대로 받을 수 없을 터, 소나무라고 해서 척박한 땅을 좋아할 리 없지만 경쟁을 피해 그가 택한 곳은 어떤 나무도 좋아하지 않는 바위 땅이었다. 조금 어렵더라도 경쟁 대신 천천히 자라기를 택한 것이다. 과도한 경쟁에서 벗어나 자신만의 길을 일궈 온 덕에 소나무는 애국가의 한 구절처럼 '철갑을 두른 듯 바람과 서리에도 변하지 않는 모습'으로 우리 곁에 자리할 수 있었다.

미국 캘리포니아 산악지대에는 브리슬콘 소나무가 자란다. 종명이 '피누스 론가에바Pinus longaeva'로 '오래 사는'이라는 의미를 지닌 이 소나무는 단일 단위 생물 중에서 가장 오래된 생명체로 평균 수명이 3000년 이상이다. 그중에서도 가장 나이가 많은 것은 '므두셀라'라고 불리는 소나무로 추정 나이가 4845세에 이른다(최근 5062

년 된 소나무가 발견되었는데 아직 이름을 붙이지 않은 상태다).

그런데 이렇듯 오래된 나무들을 보면 한 가지 공통점이 있다. 속성수가 없다는 사실이다. 느리지만 자기만의 속도로 자라면서 경쟁을 하지 않는 나무들이 결국 오래 사는 것이다.

그래서일까. 나는 갈수록 경쟁을 부추기는 지금의 흐름이 안타깝다. 피라미드식 경쟁 구조에서 어떻게든 살아남기 위해 최선을 다하지만 위로 오를수록 살아남는 사람은 얼마 되지 않기에 결국 대부분이 도태될 수밖에 없다. 그렇다면 소나무처럼 "나는 좀 힘이 들더라도 경쟁의 틈바구니에서 벗어나 나만의 길을 가겠어"라는 신선한 패기가 오히려 경쟁력이 되지 않을까.

흔히 경쟁이 성장의 동력이 된다고들 한다. 하지만 과도한 경쟁은 목적을 잃게 하고 회의감을 불러일으키며, 종국엔 지금 자기가 어디 즈음에 있는지조차 알 수 없게 만든다. 가장 큰 문제는 피라미드식 경쟁 구조는 1등이 되어도 그것을 계속 지키기가 너무 어렵다는 데 있다. 치고 올라오는 사람이 너무 많기에 1등에서 밀려나는 건 순식간이다. 밀려난 즉시 사람들이 보내던 찬사와 환호 또한 사라지고 남는 건 삶의 허무뿐이다.

그러니 빠르게 갈 사람은 빠르게 가게 두고, 느리게 갈 사람은 느리게 가게 두고, 저마다 자기만의 속도를 찾아가는 것. 지금 우리에게 필요한 것은 바로 그게 아닐까. 미국의 사상가 헨리 데이비드 소로가 《월든》에서 한 말을 마지막으로 전한다.

"왜 우리는 성공하려고 그처럼 필사적으로 서두르며, 그처럼 무모하게 일을 추진하는 것일까? 어떤 사람이 자기의 또래들과 보조를 맞추지 않는다면 그것은 아마 그가 그들과는 다른 고수鼓手의 북소리를 듣고 있기 때문일 것이다. 그 사람으로 하여금 자신이 듣는 음악에 맞추어 걸어가도록 내버려 두라. 그 북소리의 박자가 어떻든 또 그 소리가 얼마나 먼 곳에서 들리든 말이다. 그가 꼭 사과나무나 떡갈나무와 같은 속도로 성숙해야 한다는 법칙은 없다."

가끔은 나 자신에게 선물을 주자

벚나무

시집간 딸이 집에 들러 밥이라도 한 끼 같이할 때면 가끔 예전의 추억들이 화제에 오르곤 한다.

"아빠, 기억하세요? 추워 죽겠는데 연탄불이 자주 꺼지는 바람에 외투를 껴입고 잤잖아요. 번개탄 냄새는 또 얼마나 독한지 연탄불 갈 때마다 눈물 콧물 범벅이었어요."

30~40년 전만 해도 연탄불로 난방을 하고 석유곤로에 밥을 해 먹는 게 평범한 일상이었다. 너 나 할 것 없이 부족한 형편이어서 고생이 고생인 줄도 모르던 시절이었다.

당시 나는 초짜 나무 의사였다. 게다가 돈이 되는 조경은 하지 않고 나무 관리만 한 덕에 형편이 넉넉지 않았다. 그나마 아내가 작은 화원을 꾸려 살림을 보탰기에 남에게 신세 지지 않고 생계를 꾸려 갈 수 있었다. 돈 주고 내 옷을 사 본 기억도 희미하다. 누군가로부터 선물 받은 여름 점퍼 하나를 10년 동안 매일 입고 다녔더니 어느새 사람들에게 이름 대신 '빨간 잠바 아저씨'로 불릴 정도였다. 또 냉장고에는 빵이나 과자 같은 간식거리는커녕 그 흔한 요구르트 하나 없었다. 딸이 군것질을 그다지 좋아하지 않는 것도 아빠 엄마의 식성을 닮아서가 아니라 냉장고를 뒤져도 먹을 게 없어서였을지도 모른다. 아내 말로는 먹어 본 적이 없으니 딸이 그 흔한 과자 맛도 모르고 큰 거란다.

하지만 우리 세 식구는 그 시절이 참 좋았다. 워낙 가진 것이 없으니 소소한 것들을 하나둘씩 갖춰 가는 재미가 있었고, 하루하루 열심히 최선을 다하는 삶에서 오는 보람도 오롯이 느낄 수 있었다. 없으면 없는 대로 살자고 마음먹었기에 가능한 일들이었다.

그처럼 없는 형편이었지만 우리 세 식구가 빼놓지 않은 게 하나 있었다. 1년에 한 번씩 떠나는 가족 여행. 그것은 한 해 동안 각자의 자리에서 수고한 우리 스스로에게 주는 작은 선물이었다. 사소한 기쁨들이 있다 해도 불현듯 닥치는 일상의 고단함이 왜 없었겠는가. 그럼에도 우리는 여행만큼은 거르지 않았다. 모아 놓은 돈도 없으면서 무슨 여행이냐며 주위 사람들이 타박하기도 했지만 우리는 아랑곳하지 않았다. 마음먹기가 어려울 뿐이지 돈이 없다고 여행을 못 가는 건 아니니까 말이다. 누군가 여행은 돌아오기 위해 떠나는 것이라고 했던가. 나는 그 말에 전적으로 동의한다. 어쩌면 우리가 여행을 떠나는 이유는 돌아와서 다시 일상을 잘 살아가기 위함이 아닐까.

그렇게 선물 같은 여행을 떠나기를 몇 년. 어느 해인가 작정을 하고 세 식구가 전국 일주를 계획했다. 서울에서부터 강릉을 지나 해안선을 따라 동해안을 쭉 훑은 다음, 여수와 목포 등 남해를 두루 거쳐 다시 서해안을 타고 서울로 올라오기. 우리는 그 여행을 'ㅁ자 여행'이라고 이름 붙였다. 눈이 펄펄 날리는 한겨울이었다. 우리는 시동도 잘 안 걸리는 오래된 중고차에 잔뜩 짐을 싣고 여행을 떠났다. 아무리 편안한 여행도 막상 다니다 보면 피곤한 법. 추운 날씨에 중고차를 끌고 떠난 여행이 쉽고 편안할 리 만무했다. 하지만 우리는 여행 내내 웃고 다녔다. 한겨울이라 개미 한 마리 찾아볼 수 없는 동해의 어느 백사장에서 세 식구가 모여 앉아 끓여 먹은 라면은 또 얼마나 맛이 있던지.

매해 떠나는 여행은 지치고 힘든 일상을 견디게 하는 버팀목이 되어 주었고, 또 다른 여행을 꿈꾸는 설렘을 안겨다 주곤 했다. 여행으로 돈을 좀 까먹었을 수는 있지만, 그러면 좀 어떠하랴. 우리에게는 돈보다 더 소중한 추억이 남았고, 그로 인해 행복했으면 된 것이다. 그래서 나는 스스로에게 선물을 주는 데 인색하지 말아야 한다고 생각한다. 나에게 줄 선물을 고민하고 준비하고 실행하는 과정이 스스로를 진정 아끼고 사랑하는 방식이 될 수도 있다고 여기기 때문이다.

누구에게나 견디기 힘든 순간들이 있다. 아무 걱정 없어 보이는 사람도 말 못 할 속사정은 하나씩 다 있다. 그리고 아무 일 없이 무탈한 하루는 생각보다 자주 오지 않는다. 또한 인생은 너무 길기 때문에 누구보다 자기 자신을 아끼고 소중히 여길 줄 알아야 한다. 내 인생을 책임져야 할 유일무이한 존재가 바로 나이기 때문이다.

그런데 안타깝게도 요즘 젊은이들을 보면 스스로에게 참 야박하다는 생각이 든다. 뭔가를 하느라 늘 바쁘면서도 부족하다고 말하고, 최선을 다하고 있으면서도 더 열심히 하지 않는다며 자책한다. 부족하면 부족한 대로 모두 쓰임이 있게 마련인데 왜 사람들은 스스로를 괴롭히지 못해 안달인 걸까. 왜 스스로를 있는 그대로 아끼고 사랑하지 못하는 걸까.

그런 우리 곁에 매해 한 번씩 세상 그 어떤 나무보다 아름다운 모습으로 자신을 가꾸는 데 온 힘을 쓰는 나무가 있다. 봄 하면 개나리, 진달래에 이어 자동반사적으로 떠오르는 벚나무다.

도시에 사는 가로수들 중 벚나무만큼 고단한 삶을 사는 나무가 또 있을지. 그렇지 않아도 도심의 공해 때문에 숨 쉬기 힘든데 진딧물, 깍지벌레, 하늘소까지 수많은 곤충이 벚나무에 찾아든다. 바로 수피 안에 흐르는 맛난 수액 때문이다. 꽃이 피지 않는 계절에 벚나무를 보면 얼마나 시달렸는지 몸 전체가 상처투성이다. 어디 그뿐일까. 행여 가지라도 잘리면 그 자리가 좀체 아물지 않아 회복도 더디다(그래서 벚나무를 키울 때는 함부로 전정을 해서는 안 된다).

하지만 1년 내내 고단한 삶을 사는 벚나무는 매해 봄 그 지난한

세월을 보상받으려는 듯 상처 난 가지가 하나도 보이지 않을 만큼 온몸을 꽃으로 치장한다. 병충해와 싸우느라 만신창이가 된 몸이지만, 그 누구도 상처 자국을 알아보지 못할 만큼 완벽하게 새 옷으로 갈아입는 것이다.

내게는 1년에 단 한 번, 찬란하게 피어나는 벚나무의 꽃이 마치 스스로에게 주는 선물처럼 보인다. 화려한 벚나무 꽃그늘 아래 서 있으면 "이만큼 고생했으니 1년에 한 번은 세상에서 가장 화려하게 살아 봐도 괜찮아" 하는 벚나무의 혼잣말이 들리는 듯하다. 일시에 피어올랐다가 한꺼번에 떨어지기까지 열흘 남짓한 시간은 벚나무가 자신에게 선사하는 축제의 순간이 아닐는지.

힘든 인생을 견뎌 내려면 내가 나에게 주는 선물이 꼭 필요하다. 그 어떤 이해타산 없이 오로지 나를 위해서 그 무엇인가를 해야 한다는 뜻이다. 영국의 천문학자 존 허셜이 말했듯 "자존감이야말로 모든 미덕의 초석"일진대, 그 자존감은 나 스스로를 위하는 마음에서 비롯되기 때문이다.

매년 4월이 오면 벚나무가 만든 꽃방석에 앉아 수고한 나를 위한 선물을 생각해 보는 건 어떨까. 이왕이면 귀하고 값진 것이었으면 좋겠다. 세상 그 무엇보다 소중한 나에게 주는 선물이니까 말이다. 물론 아름다운 벚꽃을 눈에 담고 있는 것 자체만으로도 참 좋을 것이다.

이 땅의 아버지들, 그리고 아버지로 살아갈 누군가에게

황칠나무

그대 못 보았는가 궁복산 가득한 황칠나무를

금빛 액 맑고 고와 반짝반짝 빛이 나네

껍질 벗겨 즙을 받기를 옻칠 받듯 하면

아름드리나무에서 겨우 한 잔 넘칠 정도

상자에 칠하면 검붉은색 없어지니

잘 익은 치자 물감 어찌 이와 견주겠는가

다산 정약용이 남긴 '황칠黃漆'이라는 시의 일부다. 정약용이 오랫동안 유배 생활을 했던 전남 강진은 인근의 해남, 완도 등과 함께 황칠나무의 주산지였다. 20여 년이라는 세월 동안 강진에 머물며 자연을 벗삼아 살았던 그에게 황칠나무는 시로 읊어 칭송할 만큼 특별한 나무였나 보다. 그는 영롱한 금빛을 내는 황칠나무를 극찬하는 한편 그 특별함으로 인해 강대국에게 수탈당하고, 그로 말미암아 지역 백성들의 고통이 가중되는 현실을 안타까워했다고 한다.

한편 이름에서도 알 수 있듯 황칠나무는 우리 전통 가구의 도료로 사용됐다. 황칠나무 수피에 상처를 내면 노란 진액이 나온다. 이것을 정제해 칠하는 것을 황칠이라고 하는데, 그 색이 마치 금칠을 한 것처럼 귀하고 아름다워 조선시대에는 임금이 앉는 어좌를 칠하는 데 쓰였다. 가구뿐 아니라 가죽이나 금속류에도 사용되었으며, 2011년 공주에서 황칠을 한 삼국시대 갑옷이 발견되기도 했다.

전해 내려오는 이야기에 따르면 갑옷에 황칠을 하면 금을 입힌 양 눈이 부셔 적군의 시야를 가리는 데 한몫을 했단다. 고구려 장수와 당나라 장수가 싸우면 백발백중 고구려 장수가 이겼는데 그 비결이 황칠을 한 갑옷에 있었다나. 안타깝게도 중국에 조공품으로 바쳐지는 등 하도 많이 수탈을 당하는 바람에 병자호란 이후에는 왕실에서조차 사용이 금지될 정도였다. 일제강점기에는 황칠나무를 재배하던 농민들이 일제의 수탈을 막고자 몰래 황칠나무를 베어 없앴다는 이야기도 있다. 환란의 역사 속에 황칠나무는 멸종된 것으로 알려졌지만 다행히 자생목이 발견돼 지금은 남해안 일대에서 많이 볼 수 있다.

백문이 불여일견이라고, 황칠은 직접 대면해야 그 형언할 수 없는 아름다움을 알 수 있다. 진짜 금을 입힌 것보다 훨씬 맑고 환한 빛을 발하고, 가구에 칠하면 나뭇결이 더욱 선명하게 드러난다. 과거에 그 값이 황금보다 열 배 이상 비쌌다는 말이 헛소문은 아니지 싶다. 더욱이 황칠 고유의 은은한 향을 맡고 있으면 머리가 맑아지고 마음이 안정되어 오랫동안 그 곁에 머물고 싶은 마음이 절로 든다.

그런데 나는 황칠의 영롱한 빛과 향기에 감동을 받으면서도 황칠나무를 대하는 마음이 썩 편치만은 않다. 황칠나무가 내주는 귀한 진액이 실은 모진 시련을 견딘 인고의 산물이라는 것을 알기 때문이다. 황칠나무는 대개 깊은 숲속 어두운 그늘에서 자란다. 하필 자리한 곳이 척박하기 그지없는 깊은 산속이기에 황칠나무는 다양한 자구책을 마련해 살아간다. 잎의 형태가 처음에는 다섯 갈래로 갈라졌다가 자라면서 점차 둥그러지는 것도 부족한 빛에 적응하기 위함이다.

수피에서 흐르는 황금빛 진액도 그렇다. 황칠나무의 진액은 아무 때나 볼 수 있는 것이 아니다. 정약용 선생이 언급한 '맑고 고운 금빛 액'은 재해로 가지가 부러지거나 줄기에 큰 상처를 입었을 때, 찢긴 수피를 보호하기 위해 온 힘을 다해 짜내는 치료제다. 그러므로 황칠나무가 진액을 많이 내뿜는다는 건 그만큼 큰 상처와 시련을 겪었다는 의미다. 결국 우리는 황칠나무의 고통을 대가로 금보다 귀한 도료를 얻고 있는 셈이다. 그러니 어찌 그 앞에서 마냥 경탄만 할 수 있겠는가.

나는 황칠나무를 대할 때마다 돌아가신 아버지가 떠오르곤 한다. 돌이켜 보면 나는 아버지에게 그리 살가운 아들이 아니었다. 아버지 역시 표현이 많은 분이 아니었기에 부자지간에는 늘 왠지 모를 어색함이 흘렀다. 어머니에게는 투정도 부리고 가끔 화도 냈지언정 아버지에게는 단 한 번도 속내를 제대로 드러낸 적이 없다. 그런 아들을 대하는 아버지의 마음은 어땠을까. 그 시대의 아버지들이 대개 그러했듯 아버지는 당신의 인생은 뒤로한 채 평생 가장의 책임감을 지고 사셨다. 새벽에 집을 나서서 늦은 밤이 돼서야 집으로 돌아오는 아버지의 넓은 등은 든든한 한편 어딘지 모르게 외로워 보였다. 그러던 내가 한 아이의 아비가 되고 아이가 자라는 모습을 보면서 알았다. 아버지가 있었기에 지금의 내가 있을 수 있다는 것을, 아버지가 어린 나를 말없이 지켜보며 보이지 않는 울타리가 되어 주었기에 그나마 내가 엇나가지 않고 잘 클 수 있었다는 것을.

이 세상에 날 때부터 아버지였던 사람은 없다. 그래서 아버지 노릇은 누구에게나 힘들다. 나도 딸아이를 기르면서 비로소 아이는 부모의 희생을 먹고 자란다는 말이 어떤 의미인지를 깨닫게 되었다. 누가 가르쳐 준 것도 아닌데 아이 앞에서는 아무리 힘든 일이 있어도 내색할 수 없었고, 아이가 아프기라도 하면 가슴이 철렁 내려앉았다. 그런 의미에서 보자면 세상 모든 아이는 아버지라는 이름의 황칠을 입고 자라는 존재가 아닐까 싶다.

하지만 나는 안타깝게도 아버지의 소중함을 몰랐다. 아니 늘 그 자리에 계실 줄 알았다. 그래서 못나게도 아버지가 돌아가신 지금에서야 당신의 인생이 얼마나 외롭고 쓸쓸했을지 짐작해 볼 따름이

다. 어쩌면 자식 앞에서 약한 모습을 보여선 안 된다는 생각에 더 외로웠을 아버지. 왠지 황칠나무를 보고 있으면 아버지가 떠오르고 참 그립다.

한때 멸종 위기에 처했던 황칠나무는 뜻 있는 사람들의 연구와 노력으로 그 귀한 쓰임새가 조금씩 알려지고 있다. 자칫 사라질 뻔했던 황칠의 아름다움이 널리 알려지는 건 기쁜 일이지만 그 황금빛 선물이 어떻게 우리 손에 이르게 되었는지를 잊지 않았으면 하는 바람이다. 묵묵히 아이를 키워 낸 수많은 아버지의 노고를 기억하듯 말이다.

풀도 아니고 나무도 아니지만
나는 내 방식대로

대나무

감나무는 나무이고, 강아지풀은 풀이다. 초등학생 정도만 돼도 나무와 풀은 쉽게 구별한다. 그런데 다 큰 어른들에게 풀과 나무의 다른 점을 얘기해 보라고 하면 막상 세 개 이상을 대지 못한다. 일단 가장 많이 나오는 대답이 수명이다. 나무는 오래 살고 풀은 빨리 죽는다는 것이다. 해를 거듭해 수명을 유지하는 여러해살이풀이 있다고는 해도, 나무는 보통 수백 년씩 살아가니 그 대답이 어느 정도는 맞다.

다음으로 많이 나오는 대답은 크기다. 아무리 작은 나무라도 풀에 비하면 몸집이 크니까, 크기 역시 나무와 풀을 구별하는 기준이 될 법하다. 그다음으로 견고성이다. 나무는 껍데기인 수피가 있어 단단하지만 풀은 껍데기가 없어 상처가 나도 아물지 못하고 쉽게 부러진다는 것이다. 이때 수피는 일종의 보호조직으로 풀에는 없는 나무 고유의 특징 중 하나다. 여기에 하나 더, 나무에 대해 조금 안다는 사람들은 이렇게 말하기도 한다.

"나무엔 버섯이 살고 풀엔 버섯이 못 살아요."

이것도 맞는 말이다. 모든 나무에 버섯이 피는 건 아니지만 나무는 버섯을 비롯해 수많은 균류와 더불어 사는 특징을 지녔다(나무 뿌리에 공존하는 균류만 해도 수억 개에 이른다). 하지만 학교에서 배운 지식을 총동원해도 성인이 나무와 풀의 차이점에 대해 아는 거라곤 이 정도다.

그런데 똑같은 질문을 일곱 살짜리 유치원생들에게 던지면 그 자리에서 수십 개의 기발한 대답들이 당장 튀어나온다. 풀과 구별되는 나무의 특징을 두고 "껴안을 수 있어요", "개미집이 있어요", "아기 새가 살아요" 등등 생각지 못한 대답들이 끊임없이 이어지는 것이다. 주변에 아이가 있다면 시험 삼아 한번 물어보시라. 아이마다 각자 생각하는 나무가 무궁무진한 모습으로 자리하고 있다는 사실에 새삼 놀랄 것이다.

그렇게 열린 눈으로 자유롭게 상상력을 펼치던 아이들이 클수록 상상의 세계를 더 넓히지 못하고 어느 순간 틀 안에 갇혀 사고도 굳어 버린다. '왜'라는 의문 한번 갖지 않은 채 정해진 틀 안에서만 모든 것을 파악하려고 하고, 그 틀을 벗어나는 건 이해해 보려는 시도조차 하지 않고 외면해 버린다. 오늘날 우리의 삶이 부와 성공이라는 단일한 목적을 향해 흘러가는 것도 모든 것을 규격화하고 틀 안에 가두려는 습성 때문이 아닐는지.

그런데 사람들의 이런 정형화된 습성에 딴죽을 거는 나무가 있다. 예부터 군자의 기상, 선비의 절개를 상징해 온 대나무다. 이름에도 '나무'라는 말이 붙어 있고, 식물도감에서도 나무로 분류하고 있으니 대나무는 당연히 나무로 보는 게 맞을까?

대나무의 수명이 60년인 것을 두고 나무의 특징으로 보는 사람도 있지만, 사실 대나무는 60년 동안 잘 자라다가 꽃을 한 번 피우고는 생을 마감한다. 즉 꽃을 피우고 열매를 맺으면 죽는 풀과 같은 속성을 지녔다. 그뿐인가. 대부분의 나무는 매해 몸집을 키우는데 대나무는 한 번 자라고 나면 두 번 다시 몸집을 키우지 않는다. 그래서 대나무는 죽순의 굵기가 평생의 굵기다. 더욱이 대나무는 속이 비었기 때문에 보통의 나무들과 달리 나이테가 없다.

그렇다고 풀이라고 보기도 어렵다. 풀은 잎이 난 뒤 꽃을 피우고 열매를 맺은 뒤 줄기가 시들어 죽는 게 보통이다. 몇 해에 걸쳐 사는 여러해살이풀 역시 줄기는 시들어 죽고 뿌리만 남아 겨울을 나는 게 일반적이다. 하지만 대나무는 수명이 다할 때까지 잎과 줄기 모두 살아 있다. 그리고 여기에 하나 더 보태, 풀에서도 나무에서도 보기 어려운 대나무만의 특징이 있다.

풀과 나무는 생장점이 가지 끝에 있어서 제일 끝의 가지가 자란 만큼 생장하지만 대나무는 마디마다 생장점이 있어 마치 낚싯대를 펼치듯 한꺼번에 자란다. 마디는 다른 나무에게서 찾아볼 수 없는

대나무의 중요한 특징 중 하나인데, 마디들이 동시에 늘어나기 때문에 대나무는 어떤 식물과도 비교할 수 없을 만큼 빠른 속도로 성장한다. 두 달이면 7~8미터씩 자라니 다른 나무는 상상도 못 할 그만의 성장 전략을 갖춘 셈이다.

이런 모든 특징을 아울러 보자면 결국 대나무는 나무로 보기도 어렵고 풀로 보기도 어렵다. 굳이 따지자면 생리적으론 풀의 성격을, 형태적으론 나무의 성격을 지녔다고 해야 할까.

풀도 아니고 나무도 아닌 대나무. 그런데 생각해 보면 대나무 외에도 분류가 어려운 존재들이 꽤 있다. 예를 들어 조류와 포유류 사이에는 박쥐가 있고, 포유류와 어류 사이에는 고래가 있다. 이처럼 자연에는 이분법적인 사고방식으로 나눌 수 없는 존재가 무수히 많다. 은행나무만 봐도 침엽수의 특징과 활엽수의 특징을 한 몸에 지니고 있다. 어떤 구획에 갇힘이 없이 그저 자신만의 방식대로 나름의 삶을 꾸려 가고 있는 것이다.

가만히 보면 세상 모든 문제를 정해진 틀 안에서 해석하고, 자신의 삶조차 규격화된 공식 안에 가두어 살아가는 존재는 인간뿐이 아닐까 싶다. 우리가 추구하는 '성공한 삶'이라는 것도 실은 누가 정해 놓았는지도 모를 인생 공식 안에 갇힌 박제 같은 인생이 아닐는지. 하지만 삶을 거듭할수록 깨닫게 되는 것이 있다. 살면서 마주하게 되는 복잡한 문제들은 결코 수학 공식처럼 딱 떨어지지 않는다. 알려진 공식대로 열심히 달려간다 한들, 그것이 진정한 인생의 정답은 아니라는 말이다.

그래서 나는 불확실함을 견디지 못하고 자꾸만 초조해하는 사람들에게 말하곤 한다. 설사 미래가 보이지 않는 불안한 삶을 살아가고 있다고 해도, 스스로를 미완의 존재라고 함부로 규정짓지 말라고. 어딘가에 제대로 소속되지 못한 채 늘 부유하는 것처럼 보이더라도, 그러면 좀 어떤가.

대나무는 풀도 아니고 나무도 아니지만 자신의 방식대로 잘 살아가고 있다. 그러니 지금 설령 사람들이 정해 놓은 틀 안에 들어가지 못하고 있더라도 불안해하거나 스스로를 못났다고 자책할 필요가 없다. 어쩌면 대나무는 기죽어 있는 사람들에게 그렇게 말할지도 모른다.

"왜 남이 정해 놓은 틀 안에 들어가지 못해 안달입니까?"

틀 안에 갇혀 기계처럼 사는 것은 지겨운 입시 공부에 시달리던 학창 시절로 족하다(아니 솔직히 나는 학창 시절조차 아깝다고 생각한다). 그리고 무엇보다 남들이 정해 놓은 틀 안에 들어가 봐야 별것 없다. 사람들이 부러워하는 직장에 들어가지 않아도, 결혼을 하지 않아도, 아이를 낳지 않아도, 번듯한 집을 꼭 장만하지 않아도 괜찮다. 그 모든 조건 없이도 행복하게 잘 사는 사람이 있고, 그 모든 조건을 갖추고도 불행하다고 말하는 사람도 있다. 그러니 애써 맞지 않은 옷을 입으려 헛된 노력을 계속하기보다 나만의 공식, 나만의 룰을 만드는 것은 어떨까.

지금이야말로 굳은 머리를 깨고 상상력을 발휘할 때다. 그걸 하면 즐겁고, 그걸 하면 행복해지고, 그걸 하면 왠지 마음이 뿌듯한, 바로 그걸 찾아보는 거다. 풀도 아니고 나무도 아닌 대나무는 그렇게 오늘도 자신만의 룰을 따라 잘 살아가고 있다.

Chapter 5

뿌리 깊은 나무처럼 단단하게 이 세상을 살아가는 법

I learned life from trees.
The essential life
lessons from trees,
the oldest and wisest
philosophers in the World.

사랑하는 사람에게
보여 주고 싶은 나무

미선나무

몇 년 전 어느 이른 봄날 창경궁에 놀러 갔다. 가끔 산에 함께 오르는 지인들과 봄나들이차 온 가족을 데리고 소풍을 나선 것이다. 아직 아침저녁으로 찬 바람이 불고 있던 터라 나무들이 꽃망울을 틔우지 못하고 있었는데, 일행 중 한 꼬마 녀석이 헐레벌떡 뛰어오더니 내 손을 잡아끌었다.

"저기 개나리가 피었어요. 근데 꽃이 노란색이 아니라 하얀색이에요. 너무 추워서 하얗게 질렸나 봐요."

아이의 손에 끌려 그곳에 가 보니 정말 개나리를 꼭 닮은 나무가 가지마다 흰 꽃 무더기를 소담스럽게 달고 있었다. 가지 모양새나 꽃 생김새가 영락없이 개나리를 닮은 그 나무는 최근까지 멸종 위기 나무로 지정되어 있던 미선나무였다. 워낙 귀한 나무라 몇 곳에 흩어져 있는 자생지 자체를 천연기념물로 지정해 보호 중이었는데 뜻밖에 창경궁에서 보게 돼 얼마나 기뻤는지 모른다. 나는 얼른 사람들을 불러 모아 귀한 나무를 소개했다.

"여기 개나리를 꼭 닮은 나무는 미선나무라고 하는데 우리나라에서만 자라는 특산식물이에요. 천연기념물로 지정된 다음 사람들이 몰래 캐 가는 바람에 멸종될 뻔했는데 다행히 이를 귀히 여기고 지켜 준 사람들 덕분에 창경궁에서도 볼 수 있게 되었네요."

우리나라에만 있는 귀한 나무라는 설명 때문인지 너 나 할 것 없이 아름다운 꽃구경에 여념이 없었다. 그런데 아까 내 손을 잡아끌었던 꼬마가 다시 내게 물었다.

"그런데 왜 이름이 미선나무예요?"

"이름이 궁금하면 꽃이 다 지고 열매를 맺었을 때 다시 와 봐야 해. 열매 모양 때문에 붙은 이름이니까."

사극을 보면 궁중에서 잔치 때 임금의 양옆에서 궁녀들이 큰 부채를 들고 서 있는 장면이 종종 나오는데 그 부채의 이름이 바로 미선尾扇이다. 미선나무의 열매가 바로 그 부채와 꼭 닮았다. 크기로 치면 500원짜리 동전만 하니 동화에 등장하는 어느 소인국에서나 쓸 법한 부채 같달까.

꽃이 진 자리에 앙증맞게 달리기 시작해 점점 붉게 물들어 가는 미선나무의 열매를 보고 있노라면 나는 사랑이라는 단어가 떠오른다. 사람의 심장을 형상화했다는 하트 모양이 눈앞에서 재현된 듯하기 때문이다. 그저 보기만 해도 좋은 것이 사랑이라고 하듯 미선

나무의 열매도 그렇다.

마냥 좋기만 하던 사랑이 이런저런 시련의 과정을 거치며 더욱 단단해지듯이, 미선나무의 열매 역시 처음에는 짙푸른 빛깔을 띠었다가 작열하는 햇살 속에 점점 붉게 하트 모양으로 물들어 간다. 해를 받아 색을 더해 가는 열매의 모습은 세상 어떤 빛과도 견줄 수 없는 아름다움을 지녔다. 마치 어떤 세파에도 굴하지 않고 그들만의 사랑을 꿋꿋이 지켜 나가는 연인의 모습이라고 할까. 고작 젓가락 굵기의 갈색 가지에 옹골차게 열매를 매달고 누구도 흉내 낼 수 없는 저만의 빛을 완성해 나간다. 그리고 온전한 붉은빛이 열매 전체를 뒤덮은 늦여름, 작지만 단단한 두 개의 씨앗이 사랑의 결정체로 남는다. 이른 봄 일찍 흰 꽃을 피우고, 꽃이 진 자리에 열매를 맺고, 그 열매가 완연하게 익을 때까지 인내해 온 시간들이 두 개의 작은 씨앗으로 남는 것이다.

오랜 세월을 함께하는 사랑. 솔직히 예전에는 그 말이 그렇게 어려운 건지 잘 몰랐다. 좋은 사람이 있어 그이와 함께 살고 싶은 마음에 결혼을 했고 지금까지 살아왔다. 그래도 양심은 있어서 아내에게 "당신 손에 물 한 방울 묻히지 않게 해 줄게"라는 거짓말을 하지 않은 게 어디인가 싶다. 가진 게 없어도 너무 없다 보니 아내가 고생이 많았다. 그래서 늘 아내를 생각하면 마음 한 켠이 짠하다. 사랑이 고마운 것이고, 사랑이 미안한 것인 줄도 아내 덕분에 알게 되었다.

콩깍지가 씌었을 때 콩닥콩닥하던 사랑도 좋았지만 나는 고맙고 미안한 사랑이 더 좋다.

그래서 가슴이 뛰는 사랑만 찾아 헤매는 사람들에게 말해 주고 싶다. 사랑은 사랑에 빠지는 것으로부터 시작하여, '사랑을 하는 것(being in love)'을 거쳐 '사랑에 머무는 것(staying in love)'이란 단계에 이르는 과정을 거친다. 그래서 어쩌면 사랑에 빠지는 것보다 더 어려운 것은 사랑에 머무는 것이다. 하지만 만약에 사랑에 머무는 것을 경험하게 된다면 사회학자 라쉬의 표현처럼 '차가운 세상에 있는 천국'이 무엇인지 알게 될 것이다.

한때 사라질 위기에 처했던 미선나무는 이제 경복궁, 창경궁을 비롯해 곳곳에서 심심찮게 만날 수 있다. 기회가 닿는다면 언제고 마음에 드는 누군가의 손을 잡고 미선나무 열매를 꼭 한번 찾아봤으면 좋겠다. 그 귀한 나무 앞에서 사랑을 말한다면 그 사랑이 좀 더 뜻깊어지지 않을까.

무언가를 얻기 위해선 반드시 내줘야 하는 게 있는 법

개박달나무

나무와 평생을 살면서 생긴 버릇 하나가 있다. 사람을 만나면 나도 모르게 그와 비슷한 느낌이 드는 나무를 마치 짝 지우듯 떠올리곤 한다. 품이 넓은 사람을 만나면 한여름에 시원한 그늘을 드리우는 느티나무를, 늘 한결같은 이를 보면 천 년을 하루같이 사는 주목나무를, 남을 잘 배려하는 사람을 마주할 땐 강직하게 외대로 자라지만 더불어 살아갈 줄 아는 전나무가 생각난다. 하루는 이런 나를 오랫동안 지켜봐 온 후배 녀석이 물었다.

"저는 어떤 나무랑 닮은 거 같아요?"

실은 오래전부터 후배를 보며 떠올린 나무가 있었다. 도봉산 바위틈에서 발견한 개박달나무. 박달나무와 이름이 비슷하지만 두 나무는 모습이나 기질이 사뭇 다르다. 개박달나무는 박달나무에 비해 키가 작고 열매도 작고 잎도 작다. 그래서 예로부터 무기와 농기구를 만들 때 자주 사용되던 박달나무와 달리 쓰임새가 없다. 그 흔한 홍두깨 하나 만들지 못하니 변변한 애칭도 얻지 못하고 사촌지간인 박달나무의 이름을 빌려 쓸 만큼 관심 밖 대상이었다.

그런데 후배를 보며 개박달나무를 떠올린 건 삶의 습성 때문이다. 대부분의 나무는 누가 외진 곳에 일부러 가져다 심거나 씨앗이 빈 들에 떨어진 경우를 제외하곤 저 혼자 자라는 법이 없다. 어릴 적부터 숲에서 주변 나무들과 어울리며 어떻게 해야 큰 나무가 되는지를 배우면서 몸집을 불려 가게 마련이다.

하지만 개박달나무는 작정이라도 한 듯 능선의 바위틈에서 저 혼자 평생을 산다. 비바람이 몰아쳐도 함께 버텨 줄 나무가 없기에 줄기는 꼬여 있기 일쑤고 몸집도 크게 키우지 못한다. 스스로 떨군 낙엽을 양분 삼아 추위를 이겨 내는 숲속 나무들과 달리, 홀로 사는 개박달나무는 심한 바람 덕에 제 몸에서 나온 낙엽마저 가져다 쓸 수 없다. 그래서 개박달나무는 위로 높이 자라겠다는 생각을 버리고 대신 뿌리를 깊게 내린다.

'이게 운명이라면 별수 없지. 내가 나를 도울밖에.'

개박달나무가 높은 바위에 홀로 뿌리 내리는 것은 그늘을 못 견디기 때문이다. 모든 나무가 햇볕을 필요로 하지만 개박달나무는 집착에 가까우리만큼 많은 햇볕을 필요로 한다. 그래서 함께 자랄 친구들, 부드러운 토양, 적당한 습기 등 사는 데 필요한 다른 모든 것을 포기하고 높은 바위에서 홀로 자라기로 결심한다. 그래야 사

시사철 방해물 없이 마음껏 햇볕을 독식할 수 있기 때문이다.

그러고 보면 세상엔 모든 것을 다 가진 사람은 없는 것 같다. 얻는 것이 있으면 그만큼 포기해야 할 것도 있는 법이다. 하지만 막상 선택의 기로에 서면 얻는 것보다 당장 포기해야 하는 게 더 커 보이게 마련이다. “왜 내가 그걸 포기해야 하는데? 내가 뭘 잘못했는데?”라고 소리쳐 봐야 아무 소용 없다. 어쨌거나 무엇인가를 얻기 위해서는 무언가를 잃어야 하는 것이다.

아이를 돌봐 줄 사람이 없어 직장을 포기하는 워킹맘들의 이야기를 전해 들을 때가 있다. 그들이라고 이런저런 노력을 하지 않았을까. 딴에는 일도 하고 아이도 키우기 위해 할 수 있는 방법은 다 동원해 봤을 것이다. 하지만 아무리 발버둥을 쳐도 뾰족한 수가 없으니까 아이를 지키기 위해 직장을 포기하는 것이다. 그래서 가끔은 무언가 얻기 위해 무언가를 잃어야 하는 사실이 잔인하게 느껴진다.

그 후배도 그랬다. 어머니가 치매에 걸렸는데 차마 요양원에 보낼 수가 없었다. 하지만 치매 걸린 어머니를 돌보는 일이 너무 힘들었다. 몇 번인가 어머니를 잃어버린 뒤 파출소에 신고하고 겨우 찾는 일을 반복하더니, 그는 정년을 채우지 못하고 고향으로 내려가 어머니를 돌보고 있다. 그 선택이 과연 옳은가 하고 따져 묻는다면 나는 뭐라고 말해야 좋을지 모르겠다. 다만 세상 모든 일이 그러하듯 선택에는 책임이 따르게 마련이며, 그 무게를 감당하는 것 또한 오로지 그의 몫이라는 생각이 든다. 옆에서 섣불리 참견하며 왈가왈부할 문제가 결코 아니라는 말이다.

옆에서 보기엔 그 선택이 대책 없고 무모해 보여도 그가 그 길을 가겠다면 어쩔 수 없는 일이다. 그럴 때는 섣부른 응원도, 섣부른 비판도 조심해야 한다. 그래서 나는 후배 녀석을 만나면 그저 맛있는 것을 사 먹이며 그가 하는 이야기에 귀 기울일 뿐이다. 햇볕을 혼자 마음껏 차지하고 있지만 외로워 보이는 개박달나무를 보면서도 마찬가지다. "그냥 숲에서 다른 나무들과 어울려 살지 왜 그러고 있대?"라는 말을 내뱉는다면, 그것은 개박달나무에 대한 예의가 아니다.

'그러거나 말거나'의 정신으로

튤립나무

너무 많은 사람이 모인 경우를 제외하곤 나는 강의 때 사람들에게 질문을 많이 하는 편이다. 질문과 답을 주거니 받거니 하다 보면 우리가 가진 나무에 대한 잘못된 편견이 얼마나 많은지를 자연스럽게 깨달을 수 있기 때문이다. 얼마 전 강의에서도 나는 사람들에게 질문 하나를 던졌다. 유치원생들에게나 던질 법한 질문이라고 생각해서일까. 수강생들은 하나같이 머쓱한 표정이었다.

"나뭇잎이 어떻게 생겼죠? 한번 노트에 그려 보시겠습니까?"

내친김에 나는 한 명을 앞으로 불러 화이트보드에 그려 보게 했다. 어떤 모양이었을까? 당신의 머릿속에도 떠오르는 모양이 하나 있을 것이다. 끝이 뾰족한 숟가락 모양의 나뭇잎. 열에 아홉은 이런 나뭇잎을 그린다. 몇몇 예외가 이파리가 다섯 개로 갈라진 단풍잎 모양이나 좌우 대칭의 하트 모양 정도다. 그런데 왜 그렇게 그렸는지 물으면 다들 우물쭈물 대답이 없다. 나뭇잎은 애초에 그렇게 생긴 게 당연하다고들 여기는 것이다.

이쯤에서 나는 그 '당연한' 시선에 찬물을 끼얹을 나무 하나를 소개해 보련다. 볼 때마다 나를 웃게 만드는 그 친구의 이름은 튤립나무다. 튤립나무는 매해 5~6월이면 분홍 띠를 두른 황록색 꽃을 수줍게 피운다.

하지만 내가 이 나무를 좋아하는 이유는 화려한 자태로 벌과 나비를 부르는 꽃 때문이 아니다. 매번 내 시선을 사로잡는 건 탐스러운 꽃 아래로 여봐란듯 뻗어 나간 잎이다. 꽃에 정신이 팔리다 보면 놓치기 십상이지만 튤립나무의 잎은 세상 그 어디에서도 비슷한 모양을 찾을 수 없을 만큼 신기하게 생겼다. 어느 나무든 잎을 보면 둥그런 잎 둘레에 끝이 뾰족하게 마련인데, 튤립나무의 잎 끝은 안쪽으로 오목하게 패여 있다. 잎 둘레도 다른 나무처럼 둥글지 않고 가위로 오려 낸 듯 각이 져 있다. 만일 튤립나무의 잎을 떼다가 도화지로 본을 떠 보여 주면 아무도 그것을 나뭇잎이라고 생각하지 못할 것이다. 한마디로 '상식 파괴'라고 할까. 나무를 좀 아는 사람들도 그 엉뚱함에 고개를 갸웃대며 묻게 된다.

"대체 그렇게 생겨 먹은 의도가 뭐냐?"

엉뚱한 잎을 가진 데에는 필시 이유가 있을 텐데 아직까지 그 이유는 뚜렷하게 밝혀진 바가 없다. 나도 엉뚱한 튤립나무의 잎들을 보며 그 이유를 찾아내고자 애쓴 적이 있다. 하지만 어느 순간 그런

생각이 들었다. 당최 알 수 없는 엉뚱함이 튤립나무의 가장 큰 매력이 아닐까. 다른 나뭇잎과 똑같이 생겨야 할 이유는 또 딱히 없으니 말이다.

우리는 특이한 외양이나 유별난 행동을 하는 사람을 보면 늘 이유를 찾으려고 한다. 별다른 이유가 없다고 말하면 "그럼 왜 그렇게 하고 다니는 거야?"라고 따진다. 튀는 모습을 개인의 개성으로 바라보고 존중하기는커녕 어떻게든 끌어내리려고 애쓰는 것이다. 나와 다른 것을 참지 못하는 사람들은 튀어서 좋을 게 없지 않느냐고 핀잔을 주기도 한다. '모난 돌이 정 맞는다'는 끔찍한 속담이 괜히 나온 게 아니다.

지구가 탄생한 이래 모든 생명의 기본 본성은 다양성을 추구하는 것이다. 내일 지구가 당장 어떻게 될지 모르는데 천편일률적으로 한 가지 모양, 한 가지 습성만 지녀서는 하루아침에 몰살당하기 십상이다. 그리고 위기의 순간 빛을 발해 끝내 살아남은 생명체들을 보면 대부분이 당대에는 무가치하고 쓸모없어 보이던 존재들이었다. 남이야 그러든 말든 자기만의 뚜렷한 개성을 유지한 생명체들이 끝내 살아남고 번성해 온 것이 우리가 아는 진화의 과정이다.

그래서 나는 튀는 걸 참지 못하고 개인의 개성을 존중하지 않는 문화가 심히 우려스럽다. 많이 나아졌다고는 해도 사회는 여전히 사람들을 제도화된 틀 안에 가두려 하고, 사람들 역시 상식 안에서 안전하게 살아가는 길을 추구한다. 하지만 자신이 그렇다고 남들까지 그래야 한다고 강요해선 안 된다. 상대방은 나와 다른 것이지 결코 틀린 게 아니기 때문이다.

생각해 보면 나는 잎의 신기한 모양 덕분에 튤립나무를 인상적으로 기억하고 있다. 다른 나무들이 어떻게 살든 말든 '그러거나 말거나'의 정신으로 저만의 멋을 뽐내는 나뭇잎을 볼 때마다 웃게 된다.

그러고 보면 언제나 그렇듯 나 자신이 문제다. 남들이 뭐라고 하든 나는 나답게 살고 있는가. 튀어 보여서 좋을 게 없다며 남들한테 욕먹기 두려워 시작도 하기 전에 포기해 버린 것은 없는가. 아, 가슴이 서늘하다.

어머니가 그리울 때 생각나는 나무

보리밥나무

산이 아닌 바닷가를 삶의 터전으로 삼은 나무들이 있다. 언뜻 봐선 나무인지 풀인지 당최 알 수 없는 해국海菊들이 벼랑에 송송 박혀 사는가 하면, 백사장 모래밭에 뿌리를 내린 채 파도가 밀려오면 자맥질이라도 하듯 잎만 내미는 순비기나무, 바람이 휘몰아치는 하늘을 향해 빗질을 하느라 가지 끝이 닳아빠진 몽당빗자루처럼 변해버린 우묵사스레피, 바닷물이 육지를 덮치는 것을 막아 보겠다고 장승처럼 버티고 서 있는 곰솔들까지, 우리가 미처 알지 못할 뿐 흙이 거의 없는 바닷가에서 꿋꿋이 살아가는 나무가 의외로 많다.

그중 유독 내 눈길을 붙잡는 나무가 있다. 봄보리똥이라고도 불리고 보리수나무와는 형제지간인 보리밥나무가 그것이다. 곡물이라곤 찾아볼 수 없는 바닷가에 사는 나무의 이름이 왜 하필 보리밥일까. 여러 가지 설이 있지만 나는 꽃과 열매의 모양새가 보리를 닮아서라는 이야기가 가장 마음에 든다.

보리밥나무는 9~11월에 은백색의 꽃을 피우는데 마치 주근깨 같은 갈색 반점을 잔뜩 뒤집어쓰고 있어서 거무튀튀한 꽁보리밥을 연상케 한다. 손톱만 한 크기의 열매에도 은백색의 비늘털이 무수히 찍혀 있는데 이 역시 삶은 보리와 비슷한 모양새다. 혹자는 갈색의 점들이 마치 덕지덕지 붙은 파리똥처럼 보이는데 남부 지방에서는 파리를 '포리'라 부르니 포리나무가 변해 보리밥나무가 됐다고 추측하기도 한다.

재미있는 것은 열매가 익는 시기다. 보리밥나무의 열매가 익는 봄은 어떤 과실도 익지 않는 계절이다. 그런 까닭에 보릿고개가 있던 예전에는 굶주린 아이들이 허기진 배를 보리밥나무의 열매로 채우곤 했다. 지금 우리 입맛에는 별로 손이 가지 않지만 먹을 것이 귀하던 시절엔 허기를 달래는 데 그만한 먹거리가 없었다.

보리밥나무는 이리저리 엉클어진 볼품없는 모양새이긴 하지만 모진 바닷바람에도 아랑곳하지 않고 가지 끝은 늘 바다를 향해 있다. 바다로 떠난 누군가를 기약 없이 기다리는 양 해안가 절벽에 앉아 하염없이 바다 저 먼 곳을 바라본다.

그래서일까. 나는 보리밥나무를 볼 때마다 아무리 늦은 밤이라도 내가 돌아오기 전엔 절대 잠드는 법이 없으셨던 어머니가 떠오른다. 한창 방황하던 10대 시절 며칠씩 밖을 떠돌다 집에 돌아오면 어머니는 아랫목 이불 밑에 숨겨 둔 보리밥 한 그릇을 꺼내 와서는 싫

다는 나를 억지로 상 앞에 앉히곤 하셨다.

"뭘 하든 간에 굶지는 말고 다녀. 배가 고프면 마음고생도 심한 법이야."

나이가 들고서야 알게 되었지만 그때 내가 먹었던 보리밥 한 그릇은 언제 돌아올지 모르는 아들을 위해 남겨 둔 어머니의 한 끼 식사였다. 당신도 배가 고프셨을 텐데 집 나가서 떠도는 아들이 뭐가 예쁘다고 그 밥을 남겨 두셨던 걸까. 어머니는 내게 뭘 하고 왔는지 채근하지 않으셨고, 내일 또 집을 나서면 언제 돌아오느냐고 묻지 않으셨다. 그저 온화한 미소로 나를 반기며 따뜻한 보리밥을 건넬 뿐이었다.

고삐 풀린 망아지 같던 내 방황도 어머니의 말 없는 기다림, 주름진 손으로 건네주시던 보리밥 한 그릇 덕에 점차 수그러들었다. 하지만 철없던 아들이 자라 어느덧 어머니만큼 나이가 들었는데, 그 옛날 내게 하셨듯 따뜻한 밥 한 끼 챙겨 드리고 싶은 어머니는 내 곁에 계시지 않는다.

모진 바닷바람을 견디며 척박한 바위에 앉아 제자리를 지키는 보리밥나무. 하지만 그 모습이 결코 초라해 보이지는 않는다. 보리밥나무는 절벽 위에서 살아가는 자신의 운명을 탓하지 않으며 큰 나무를 시샘하지도 않는다. 거친 해풍에 큰 나무들이 뿌리째 뽑혀 나가도 변함없는 모습으로 그 자리를 꿋꿋이 지킬 따름이다. 마치 품을 떠난 자식이 언제고 찾아오기를 기다리는 우리 어머니들처럼.

보리밥나무는 제주도 올레길, 남해안의 외딴섬들, 울릉도 행남의 해안 산책로에서 무시로 볼 수 있다. 어머니가 살아 계셨더라면 함께 보리밥나무를 찾아가 열매를 한 움큼 따 주름진 손에 쥐여 드릴 텐데…. 당신이 내게 건넨 보리밥 한 그릇이 그렇게 다디달 수가 없었다고, 속을 너무 많이 썩여 죄송하다고 말씀드리며 말이다.

서른 살에게 해 주고 싶은 말

아까시나무

우리나라에서 사는 나무 중에 가장 억울한 나무가 무얼까? 나는 단연 아까시나무라고 생각한다. 아까시나무는 우리가 흔히 알고 있는 아카시아나무의 본래 이름이다. 사람들은 아까시나무의 꽃이 만들어 낸 꿀을 맛있게 먹으면서도 그들을 곱지 않은 시선으로 바라본다. 일제강점기에 일본 사람들이 소나무를 비롯한 한국의 토종 나무를 없애려고 아까시나무를 일부러 심었다는 낭설 때문이다. 하지만 아까시나무는 일본인이 의도적으로 심은 나무가 아닐 뿐더러 토종 나무들을 죽게 하지도 않았다.

오히려 아까시나무는 전쟁 직후 폐허가 된 우리나라의 숲들을 다시 푸르게 만드는 데 중요한 역할을 했다. 초등학교 시절 식목일 즈음에 전교생이 학교 뒤의 민둥산에 올라 아까시나무 묘목을 심던 기억이 아직도 생생하다. 그렇게 자란 아까시나무는 연탄이 보급되기 전까지 서민들의 가장 요긴한 땔감이었다. 만일 아까시나무가 아니었다면 지금처럼 울창한 숲을 보지 못했을지 모른다.

내가 아까시나무라면 너무 억울할 것 같다. 민둥산을 푸르게 덮어 주고, 달콤한 꿀을 아낌없이 나눠 주고, 그것도 모자라 제 몸뚱이를 한겨울 땔감으로 내주었는데도 이국에서 잘못 들어온 잡목 취급을 받으니 말이다. 게다가 한때 민둥산을 푸르게 뒤덮었던 아까시나무는 사람들의 푸대접 속에 뒤늦게 싹을 틔운 다른 나무들에게 밀려 숲의 가장자리까지 쫓겨났다.

하지만 나는 아까시나무를 볼 때마다 안타깝기보다는 대견하다는 생각이 든다. 비록 숲 가장자리의 척박한 땅이라도 햇볕이 있으면 어디든 스스럼없이 뿌리를 내리고, 보란 듯이 희고 탐스러운 꽃을 한가득 피워 내기 때문이다. 다른 나무들과 떨어져 산 초입의 한적한 땅에 자리 잡은 아까시나무를 보고 있노라면 "사람들이 나를 오해하든 말든 나는 내 식대로 살 겁니다" 하는 배짱 어린 항변이 들리는 듯하다. 다른 나무의 처지와 비교하지 않고 자기답게 사는 게 중요하다는 것을 온몸으로 보여 준다고 할까. 이는 결국 스스로를 존중하고 사랑하는 마음이다. 내가 나를 사랑한다는데, 세상의 평가나 남들의 인정이 왜 그리 중요하겠는가.

아까시나무를 보고 있으면 10여 년 전 지리산 자락에서 만난 한 젊은이가 떠오른다. 어쩌다 물을 나눠 먹으며 같이 길을 걷게 된 학생이었는데 사법고시를 준비하고 있다고 했다. 서른둘의 나이에 하기엔 쉽지 않은 선택이기에 궁금한 게 많았지만 그가 하는 얘기를 가만히 들었다. 그동안 아픈 어머니를 돌봤다는 그는 수술비와 항암 치료비를 벌기 위해 안 해 본 일이 없다고 했다. 하지만 5년간 열심히 치료를 받으며 삶의 의지를 불태우던 어머니는 결국 돌아가시고 그는 혼자가 되었다. 어릴 때 아버지를 여읜 탓에 아버지에 대한 기억이 거의 없다며 삼촌 같은 나를 보니 그냥 이런저런 이야기를 하게 된다고도 했다.

"남들이 너무 늦었다고 하는데요. 저는 꼭 변호사가 되고 싶어서 한번 도전해 보려고요."

어린 나이에 아버지를 여읜 것이 어찌 그의 탓이랴. 그는 홀어머니 밑에서 자라며 집안 형편이 어려운 탓에 반찬 투정 한 번 제대로 못 하며 컸다고 했다. 게다가 꽃다운 20대의 5년을 아픈 어머니를 간호하며 보냈다. 하지만 그는 누구도 원망하지 않았다. 나 같으면 세상이 원망스럽고 사람들도 미웠을 텐데, 너무 억울해서 비뚤어지고 싶은 유혹도 컸을 텐데, 그는 참으로 씩씩했다.

오히려 부끄러운 건 나였다. 군대를 마치고 먼 중동 땅까지 건너가 농사 자금을 마련했지만 3년 만에 사업이 쫄딱 망했을 때, 나는 참 많이 세상을 원망했더랬다. 내가 세상 물정을 몰라 망했는데도 나는 모든 걸 세상 탓으로 돌렸다. 물론 그렇다고 나아지는 건 하나도 없었다. 빈털터리가 되어 1년을 방황하다 문득 깨달았다. 아무리 세상을 원망해 본들 내가 무엇이든 하지 않으면 아무것도 바뀌지

않는다는 것을 말이다. 누구도 내 인생을 대신 살아 주지 않는다. 그렇다면 남은 것은 하나, 세상이 뭐라든 사람들이 뭐라든 내 갈 길을 가는 것이다.

요즘 서른 살들이 힘들다고 말한다. 내가 어찌 그 속내를 다 알 수 있으랴. 하지만 어떤 상황에 처해 있든 지금 서른 살에게 필요한 건 바로 아까시나무의 자세가 아닐까. 세상을 원망하고, 억울해하느라 시간을 허비하기엔 너무 아까운 인생이니까.

자꾸만 누군가와 담을 쌓게 된다면

탱자나무

탱자나무는 명색이 과실수인데 열매가 참 맛이 없다. 너무 시고 떫어서 한 입 베어 무는 순간 얼굴을 찡그리게 될 정도다. 그러면 하다못해 땔감으로라도 쓸 수 있으면 좋으련만 나무줄기가 가냘파서 그조차 기대하기 어렵다. 먹지도 못하고, 그렇다고 예쁜 것도 아니고, 쓸모도 없어서 사람들은 미련하고 둔한 사람을 가리켜 "탱자나무처럼 아무짝에도 쓸모없다"고 말하곤 했다.

그런데도 옛날에 남부 지방에 가면 그 어떤 나무보다 흔하게 탱자나무를 볼 수 있었다. 집과 집 사이에 울타리 대용으로 탱자나무를 심었기 때문이다. 높지도 낮지도 않게 적당한 높이로 집을 둘러싸고 있는 산울타리가 바로 탱자나무였던 것이다.

이른 봄 막 새순이 피어오를 때 탱자나무의 가지를 대나무 회초리로 탁 내리치면 자동으로 전지가 된다. 그렇게 다듬어진 가지들

은 가시를 촘촘히 단 채 빼곡하게 자라나 틈새 하나 없는 가시 장벽을 이룬다. 얼기설기 대충 엮은 것처럼 보여도 탱자나무 울타리 안팎으로는 족제비 한 마리 드나들지 못한다. 그래서 옛날에 도둑들 사이에는 탱자나무로 산울타리를 두른 집에는 절대 들어가지 말라는 말이 나돌곤 했다.

하지만 탱자나무의 키는 지금 집과 집 사이에 놓인 담처럼 높지 않았다. 그래서 사람들은 탱자나무 울타리 너머로 옆집과 음식을 나누고, 안부를 나누고, 수다를 나누었다. 어느 집에서는 바깥문을 중심으로 한쪽엔 탱자나무로 울타리를 치고, 다른 한쪽엔 듬성듬성 나무 막대기를 꽂아서 호박을 키우곤 했다. 그런데 집주인은 탐스럽게 자란 호박을 적절히 안팎으로 갈라 두고는 바깥쪽 호박에 손을 대지 않았다. 행여 배고픈 거지나 굶주린 이웃이 있으면 가져가라고 일부러 그렇게 둔 것이었다. 탱자나무 울타리는 그런 의미였다. 사는 게 각박해도 나눌 건 나누고 서로 따뜻하게 배려하며 살자는 후한 인심이 녹아들어 있었던 것이다.

탱자나무의 가시도 마찬가지다. 가시로 도둑을 쫓아내겠다고 생각한 사람은 없었다. 실제로 탱자나무의 가시는 도둑보다는 귀신을 쫓는 주술적인 의미가 더 컸다. 그래서 행여 전염병이라도 번지면 탱자나무의 줄기를 잘라다 문 위에 걸어 두곤 했다.

그러나 어느 순간부터인가 나지막한 탱자나무 울타리를 사이에 두고, 사는 속내까지 다 보여 주며 인정을 나누던 문화는 사라지고 그 자리를 시멘트로 된 높다란 담이 대신하기 시작했다. 사람들은 매일 외롭다고 말하면서도 결코 그 높은 담을 허물지는 않는다. 오히려 무엇이 두려운지 하루가 다르게 높아져만 갈 뿐이다. 나지막한 탱자나무 울타리 대신 높은 담 안에 숨어 살기를 택한 사람들. 그들은 왜 그렇게 하늘 높이 담을 쌓는가.

작년에 남부 지방에 갔다가 오랜만에 탱자나무 울타리를 보았다. 아주머니 두 분이 울타리를 사이에 두고 웃으며 수다를 떨고 계셨다. 한쪽은 수박을 반쯤 잘라 건네고, 다른 한쪽은 전을 담아 건네는 모습이 정겨웠다. 높은 담에 익숙한 사람들에게는 너무나 낯선 풍경이 거기에 있었다.

흔들려 봐야
흔들리지 않을 수 있다

팽나무

나무 목木 자는 나무 한 그루가 땅에 우뚝 선 모양을 본뜬 상형문자다. 여기에 사람 인人 자를 더한 것이 휴식할 휴休 자인데, 모양만 봐도 알 수 있듯 사람이 나무에 기대어 편히 쉰다는 의미를 담고 있다. 이렇듯 나무는 아주 오래전부터 지친 몸과 마음을 달래고 위로해 주는 안식처로 우리 곁에 머물렀다. 농부들은 뙤약볕 아래서 농사일을 하다가 힘들면 커다란 나무 그늘 아래서 땀을 식혔고, 집안의 크고 작은 우환이 있을 때면 마을 어귀의 당산목을 찾아 지치고 아픈 마음을 내려놓곤 했다. 지금도 농사를 짓는 시골 마을에 가 보면 오랜 시간 동안 사람들과 희로애락을 나누며 살아온 노거수를 흔히 볼 수 있다.

근래에 들어서는 아는 사람이 많지 않지만 팽나무는 예로부터 느티나무와 함께 마을을 지키는, 우리에게 가장 친숙한 나무 중 하나다. 마을 어귀 팽나무 밑에서 하얀 모시옷을 단정히 차려입은 할아버지들이 한 손에 부채를 들고 한가롭게 장기를 두는 풍경은 여름 농촌의 일상적인 풍경이었다.

더욱이 바람이 많이 부는 바닷가 마을의 당산목은 대부분 팽나무였다. 느티나무, 은행나무만큼이나 오래 살기도 하거니와 짠물과 갯바람을 버틸 수 있는 강인한 생명력을 지녔기 때문이다. 특히 어선이 드나들던 작은 포구에는 팽나무가 꼭 한 그루씩 있었다. 그래서 남해 바닷가 마을에서는 팽나무를 포구나무라고 부르고, 제주에서는 폭낭이라고 부르기도 했다. 천연기념물로 지정된 전북 고창의 팽나무는 현존하는 팽나무 중 가장 굵은데 마을 앞 간척지를 매립하기 전에는 나무 앞까지 바닷물이 들어와 나무줄기에 배를 묶어두기도 했단다.

가난한 어부들은 작은 나룻배 한 척에 몸을 싣고 거친 바다로 나설 때면 팽나무 아래에서 무사히 집으로 돌아올 수 있기를 두 손 모아 기원했다. 기댈 곳 하나 없는 힘든 삶이지만 팽나무를 기도처 삼아 하루하루를 버티며 만선을 꿈꾸기도 했다. 길게는 천 년을 넘긴 팽나무도 있으니 나무는 얼마나 많은 사람의 사연을 품고 있을까. 가끔 남해 바닷가에서 자라는 팽나무를 보고 있으면 거친 바닷바람을 이겨 낸 인고의 흔적을 고스란히 느낄 수 있다. 가난한 어부들이 거친 풍랑을 맞으며 고기잡이를 하는 동안 팽나무 역시 해안가의 거친 바닷바람을 온몸으로 버텨 낸 것이다.

나무는 빛이 디자인하고 바람이 다듬는다고 했던가. 잎을 모두 떨군 겨울 팽나무를 보면 거친 바람이 만들어 낸 기하학적인 모양새에 할 말을 잃는다. 흔들림의 미학이라고 할까. 자연이 아니고서는 도저히 만들어 낼 수 없는 절묘한 수형 앞에 인간이 만든 예술 작품이라는 것이 얼마나 하찮은지를 새삼 깨닫게 된다.

나무가 하늘을 향해 크게 자랄 수 있는 것은 바람에 수없이 흔들리면서 살아가기 때문이다. 냉혹한 바람에 꽃과 열매를 한순간에 잃어버리기도 하지만, 그럴수록 뿌리의 힘은 강해지고 시련에 대한 내성도 커진다. 바닷가에 자리한 팽나무가 거친 바람에도 흔들리지 않고 꼿꼿했더라면 그렇게 아름다운 가지들을 지닌 거목으로 자라지 못했을 것이다. 팽나무에게 있어 흔들림은 스스로를 더 강하고 크게 만드는 기반이었다.

인간사라고 다를까. 지난한 현실 앞에 우리는 하루에도 몇 번씩 흔들린다. 공자는 마흔이 되면 더 이상 흔들리지 않는다고 했지만 과연 마흔이 됐다고 흔들리지 않을 사람이 몇이나 될까. 인간은 작은 유혹에도 마음이 흔들리고 시련 앞에 맥없이 무너지는 약한 존재다. 그러니 흔들리지 않으려 너무 애쓰기보다는 오히려 흔들리며 사는 법을 배우는 것이 현명할지 모른다. 힘을 빼고 세월의 흐름에 온몸을 맡겨 보는 것. 바닷가 포구에서 거친 바람을 맞으며 살아가는 팽나무처럼 말이다.

도종환 시인이 말했듯 흔들리지 않고 피는 꽃은 없고, 흔들리지 않고 곧게 서는 줄기도 없다. 나무가 하늘을 향해 높이 자랄 수 있는 것도 바람 앞에 무수히 흔들리며 살기 때문이다. 때론 가지가 꺾이기도 하고 꽃과 열매를 잃어버리기도 하지만 결국 중심을 다잡고 더 센 바람에 맞설 힘을 키운다. 사람도 마찬가지다. 처음부터 흔들리지 않으려 너무 애쓰면 오히려 쓰러지게 된다. 그러니 흔들린다고 자책하지 말자. 흔들리되 다시 중심을 잡고 가면 될 일이다. 누구나 그렇게 살아간다. 걷다가 시련 앞에서 무너지고 다시 일어나고 또 걸어가고.

나의 삶도 누군가에게 이런 향기로 남기를

백리향

"형님, 저 사람들이 대체 뭘 찍는 걸까요? 저런 낭떠러지에 뭐 볼 게 있다고요."

초여름 햇살이 따가운 6월 어느 날, 함께 산행 중이던 후배가 맞은편의 암벽 능선을 가리키며 물었다. 후배가 가리킨 곳을 보니 깎아 내린 듯 아찔한 절벽 바위틈에 몸을 간신히 붙이고 있는 몇몇 사람이 커다란 카메라로 무언가를 연신 찍고 있었다. 궁금한 마음에 나는 가방 안에서 쌍안경을 꺼내 들어 그들을 훔쳐보기 시작했다. 한참을 살핀 끝에 발견한 것은 바위틈에 보일 듯 말 듯 작게 핀 자홍빛 꽃. 높은 산꼭대기 바위틈에 자라는 야생의 백리향이었다.

풀보다 작은 몸집으로 깊은 향을 내는 백리향을 만나기란 쉽지 않다. 수가 적어서라기보다 워낙 작아 눈에 잘 띄지 않아서다. 그래서 코끝을 스치는 향에 나도 모르게 걸음을 멈추게 되지만 '백리향이구나!' 하고 깨달아서 뒤를 돌아보아도 쉽게 찾을 수가 없다. 백리향이란 이름은 향이 100리까지 퍼져 나간다기보다 발끝에 묻은 향기가 100리를 지나도록 오래 남는다고 해서 붙은 이름이다.

처음 백리향을 본 사람들은 그저 야생의 들꽃이라 생각할 뿐 그것이 나무인 줄 모른다. 그도 그럴 것이 백리향은 줄기를 바닥에 납작 엎드린 채 기어가듯 자라기 때문이다. 해가 내리쬐는 높은 산 절벽의 바위틈에 뿌리를 내리고는 마치 포복하듯 기면서 조금씩 줄기를 뻗는 것이 마치 바위 위에 얹어진 이끼 같은 모양새다. 그렇게 엎드린 채 힘겹게 줄기를 뻗다가 어느 순간 작고 여린 가지를 비스듬히 세우고는 새끼손톱만 한 꽃을 소담스레 피운다.

높은 산속에 자리한 백리향의 삶은 그리 녹록하지 않다. 흙 한 줌 없는 바위틈에 자리를 잡은 백리향은 평생을 빗물에 들어 있는 부족한 영양분에 의지한 채 생명을 이어 간다. 그러다 마침내 꽃을 피우고는 능선을 지나는 바람에 짙은 향을 실어 인근의 벌을 부른다. 그런 다음 벌에게 어렵게 마련한 꿀을 내주고는 다른 바위틈에 자신의 분신이 자라나기를 조용히 기원한다.

백리향의 향에서 온실 안 화초와 견줄 수 없는 깊이가 느껴지는 이유는 향기 속에 지난한 인고의 시간이 녹아 있기 때문이 아닐는지. 그래서 백리향은 '향기'와 '용기'라는 꽃말을 동시에 지녔다. 깎아지른 듯한 바위 위에서 자홍빛 꽃을 피운 백리향을 보고 있으면 용기라는 꽃말이 왜 붙었는지 바로 수긍이 간다.

그런 백리향을 대할 때마다 떠오르는 이가 있다. 생전에 '모차르트의 모차르트'라 불렸던 음악계의 작은 거장 클라라 하스킬이다. 러시아 피아니스트계의 대모 타티아나 니콜라예바는 그녀와의 첫 대면을 이렇게 회상한다.

"막상 공연이 시작되고 나니 카라얀의 존재는 아무것도 아니었다. 나를 울린 것은 작은 꼽추 노인이었다. 그녀가 건반 위에 손을 올리고 연주를 시작하자 내 볼에는 눈물이 흘러내렸다. 결국 그 공연은 내가 경험한 최고의 콘서트가 되었다."

병 때문에 굽은 몸을 지탱하기 위해 등과 허리를 보조대로 감싼 채 피아노 앞에 앉은 클라라 하스킬. 그녀는 글도 읽지 못하는 여섯 살에 모차르트 소나타를 한 번 듣고는 그 자리에서 바로 따라 쳤다고 한다. 열한 살에 파리 음악원에 입학해 열다섯 살에 최우등생으로 졸업한 그녀는 아름다운 미모의 천재 소녀 피아니스트로 각광받았다.

그러나 타고난 재능이 저주라고 여겨질 정도의 아픈 시련이 그녀를 찾아왔다. 열여덟 살에 걸린 세포 경화증. 뼈와 근육과 세포가 붙는 불치병으로 치료조차 어려운 희귀병이었다. 온몸에 깁스를 한 채 4년이라는 시간을 병마와 싸웠지만 그녀는 결국 그 후유증으로 등이 굽은 꼽추가 되고 말았다.

병을 앓는 동안 사랑하는 어머니마저 하늘로 떠나보낸 그녀는 암흑의 시간을 보내면서도 피아노를 놓지 않았다. 굽은 등과 절뚝이는 다리로 무대에 다시 선 것은 그로부터 12년이 흐른 뒤였다. 화려한 테크닉으로 기술을 뽐내던 당대 피아니스트들과 달리 하스킬은 군더더기 없는 담담한 연주로 많은 이를 눈물짓게 했다.

하지만 그녀의 시련은 그것으로 끝이 아니었다. 곧이어 발발한 2차 세계대전은 어렵게 재기한 그녀의 앞길을 막아 버렸다. 유태인이라는 이유로 하루아침에 쫓기는 신세가 된 하스킬은 피난 중 얻게 된 합병증과 뇌졸중으로 죽음의 문턱에 이르고 만다. 그녀를 사랑하는 사람들의 도움으로 어렵게 수술을 받고 간신히 살아났지만 전쟁이 끝날 때까지 피아노 건반에 손 한 번 대 보지 못한 채 숨어 지내야만 했다.

전쟁이 끝난 뒤 다시 대중 앞에 서게 됐을 때 그녀는 52세였다. 인생의 절반이 지난 후에야 첫 레코드 녹음을 하게 되었지만 그녀는 그저 피아노를 칠 수 있다는 것만으로 행복해했다. 그러나 행복은 잠시뿐이었다. 당대 최고의 바이올리니스트 그뤼미오와 연주 여행을 하던 중 현기증으로 기차역 계단에서 굴러떨어지고 말았다.

"내일 공연은 힘들 것 같구나. 그뤼미오 씨에게 전해 주렴."

병원에서 동생에게 남긴 이 한마디가 그녀의 유언이 되었다.

꽃과 나무에 향기가 있듯 사람에게도 향기가 있다. 척추 장애를 앓은 피아니스트 클라라 하스킬이 남긴 진한 향기는 오히려 그녀의 사후에 더 깊은 감동을 주는 듯싶다. 어렵게 바위틈에 자리 잡고는 잊을 수 없는 향기를 전하는 백리향처럼 그녀의 손에 연주된 곡들은 그녀의 굴곡진 인생과 함께 많은 사람에게 위로가 되어 주고 있다. 평생 희귀병 때문에 갖은 고생을 하면서도 그녀는 자신의 삶을 단 한 번도 원망하지 않았다. 마지막 순간까지 아름다운 음악으로 사람들의 마음을 위로하던 그녀는 생전에 이런 말을 남겼다고 전해진다.

"나는 항상 벼랑 모서리에 서 있었습니다. 그러나 머리카락 한 올 차이로 인해, 한 번도 벼랑에서 굴러떨어지지는 않았지요. 그건 신의 도우심이었습니다. 얻어먹을 힘만 있어도 감사한 일이지요."

아무리 격렬한 곡이라도 그녀의 손을 거치면 한없이 부드럽고 따뜻하게 승화되는 것은 고통 속에서 피어난 그녀의 아름다운 향 때문이 아닐는지. 시련조차 감사히 품을 줄 아는 이가 남긴 향기는 이렇듯 오래 남아 누군가에게 따뜻한 위로를 전하는 법이다. 그래서일까. 문득 내 삶이 과연 어떤 향기를 지니고 있는지를 돌아보게 된다. 적어도 과욕을 부려 악취가 나는 삶이 아니기를, 백리향만큼은 아니더라도 조금은 오래도록 기억될 수 있는 아름다운 향기이기를 바라며….

세상에서 가장 나이 많고 지혜로운 철학자,
나무로부터 배우는 단단한 삶의 태도들

나는 나무에게 인생을 배웠다

초판 1쇄 발행 2019년 9월 27일
초판 19쇄 발행 2024년 11월 14일

지 은 이 | 우종영
엮 은 이 | 한성수
발 행 인 | 강수진
편 집 | 유소연 조예은
마 케 팅 | 이진희
디 자 인 | 어나더페이퍼

주 소 | (04075) 서울시 마포구 독막로 92 공감빌딩 6층
전 화 | 마케팅 02-332-4804 편집 02-332-4808
팩 스 | 02-332-4807
이 메 일 | mavenbook@naver.com
홈페이지 | www.mavenbook.co.kr
발 행 처 | 메이븐
출판등록 | 2017년 2월 1일 제2017-000064

ISBN 979-11-965094-8-4 (03190)